Rowohlt Verlag GmbH, Kirchenallee 19, 20099 Hamburg

Kontaktadresse nach EU-Produktsicherheitsverordnung:
produktsicherheit@rowohlt.de

Die Menschen beschäftigen sich schon immer mit der Frage des Weiterlebens nach dem Tod; Millionen haben Erfahrungen mit Nachtod-Kontakten gemacht. Viele neigen jedoch dazu, diese Zeichen als Einbildung abzutun. Häufig ist es ihnen unangenehm, von solchen Erlebnissen zu berichten. Dennoch belegte die Sterbeforschung in den letzten 40 Jahren auf eindrückliche Weise, dass Bewusstsein unabhängig vom Körper existiert. Bernard Jakoby dokumentiert in diesem Buch zahlreiche Fallbeispiele und erklärt, wie die verschiedenen Phänomene zustande kommen. Dabei verfolgt er das Ziel, die Leser aufzuklären und ihnen gleichzeitig die Befangenheit vor derartigen Ereignissen zu nehmen.

Der Autor

Bernard Jakoby, Autor zahlreicher Bücher und Dozent für Sterbeforschung, lebt in Berlin. Er hält Vorträge und Seminare über den Tod und das Leben danach in Deutschland, Österreich und der Schweiz und gilt als Kapazität der modernen Sterbeforschung. Seine Bücher wurden in mehrere Sprachen übersetzt.

Bernard Jakoby

Begegnungen mit dem Jenseits

Zum Phänomen der Nachtod-Kontakte

Rowohlt Taschenbuch Verlag

7. Auflage November 2020

Originalausgabe
Veröffentlicht im Rowohlt Taschenbuch Verlag,
Reinbek bei Hamburg, März 2006
Copyright © 2006 by Rowohlt Verlag GmbH, Reinbek
bei Hamburg
Umschlaggestaltung ZERO Werbeagentur, München
(Foto: photonica / VEER)
Satz ITC Berkeley PostScript, InDesign,
bei Pinkuin Satz und Datentechnik, Berlin
Druck und Bindung BoD - Books on Demand GmbH,
Norderstedt, Germany
ISBN 978 3 499 62063 8

Inhalt

Einleitung   9

1. Teil: Einführung in das Phänomen der
Nachtod-Kontakte   14

Der Sterbeprozess   15
    Was geschieht, wenn wir sterben   15
    Die fünf inneren Sterbephasen   17
    Das Erleben des eigenen Todes   21
    Ängste im Umgang mit Verstorbenen   27

Die Geschichte und Erforschung der
Nachtod-Kontakte   32
    Die frühen Jenseitsvorstellungen   32
    Kontakte mit Verstorbenen in der Bibel   39
    Nachtod-Kontakte vom Mittelalter bis in die Moderne   47
    Erlebnisse während der Weltkriege   50
    Neue Entwicklungen   56

2. Teil: Die verschiedenen Formen von Nachtod-Kontakten, ihre Bedeutung und Dokumentation 60

Das Mitsterben von Angehörigen
(empathische Todeserlebnisse) 61
    Zeugnisse 61

Das Gefühl von Gegenwart 72
    Gehörwahrnehmungen 77
    Berührungen (Tastwahrnehmungen) 85
    Geruchswahrnehmungen 91
    Symbolische Nachtod-Kontakte 94
    Die Wahrnehmung von Tieren 103

Erscheinungen, Licht- und Spiegelphänomene 105
    Erscheinungen Verstorbener 105
    Kinder melden sich aus dem Jenseits 110
    Lichtphänomene 115
    Visionen 118
    Erscheinungen von Tieren 120
    Erscheinungen im Spiegel 122

Elektrische, physikalische und telefonische Nachtod-Kontakte 127
    Elektrische Phänomene 127
    Physikalische Phänomene 130
    Telefonische Nachtod-Kontakte 134

Träume von Verstorbenen und außerkörperliche
Erfahrungen   138
    Kontaktaufnahme im Traum   138
    Außerkörperliches Erleben   148

Ungewöhnliche und multiple Phänomene   155
    Nachtod-Kontakte unter Zeugen   155
    Multiple Phänomene   160

Nachtod-Kontakte als Schutz und Warnung   171
    Die Anteilnahme Verstorbener   171
    Verhinderung von Suiziden   177

Zusammenfassung   183
    Die Bedeutung der Nachtod-Kontakte für
    unser Leben   183
    Wie wir uns auf Nachtod-Kontakte einstellen können   189

Anhang   194

Anmerkungen   195
    Literatur   199
    Kontakt   201
    Danksagung   202

Einleitung

Millionen von Menschen auf der ganzen Welt berichten davon, spontane Kontakte mit Verstorbenen erlebt zu haben. Derartige Phänomene werden von der Sterbeforschung als Nachtod-Kontakte bezeichnet.

Eine neue Studie aus Amerika belegt, dass mehr als die Hälfte aller Amerikaner Nachtod-Kontakte erlebt hat.[1] In den deutschsprachigen Ländern und Europa kann durchaus von ähnlichen Zahlen ausgegangen werden. Und doch gehören diese Phänomene zu den Tabuthemen unserer Zeit. Bei den zahlreichen Seminaren und Vorträgen, die ich in den letzten Jahren veranstaltet habe, werden Begegnungen mit Verstorbenen dennoch sehr häufig thematisiert. Viele Menschen trauen sich nicht, über ihre diesbezüglichen Erfahrungen mit Verwandten oder Freunden zu sprechen, aus Angst, für verrückt gehalten zu werden. Diese Erlebnisse passen offenbar nicht in unser modernes, rationales Denken. Der Mensch versucht, die Welt voraussagbar, messbar, berechenbar zu machen.

Kontakte mit Verstorbenen stellen die angestrebte Kontrolle über die Welt in Frage, zählen sie doch zu den übersinnlichen Phänomenen, die sich dem Zugriff der Wissenschaft entziehen.

Das wissenschaftliche Paradigma besagt, dass unser Bewusstsein ein Produkt des Gehirns ist und mit dem Tod ins Nichts versinkt. Demnach überlebt keine Seele ihren Tod, und so etwas wie Nachtod-Kontakte kann es gar nicht geben. Die Seele existiert – so zum Beispiel die Neurobiologie – in den Augen der Wissenschaftler gar nicht. Deswegen werden die auftretenden Phänomene als Halluzinationen oder Wunschvorstellungen der Erlebenden abgetan – und das sogar von Psychologen, die sich auf Trauerberatung spezialisiert haben. Doch die klaren und sich stets wiederholenden Erfahrungsberichte von Millionen von Menschen sprechen eine völlig andere Sprache: Die Nachtod-Kontakte in ihren vielfältigen Formen belegen die Existenz realer Verbindungen zwischen dem Diesseits und Jenseits, zwischen unserer Welt und der Welt der Verstorbenen.

Bei den Kontakten mit Verstorbenen handelt es sich weder um Relikte früherer, unaufgeklärter Zeiten noch um Wunschvorstellungen. Das Leben nach dem Tod ist eine kaum zu leugnende Realität. Wir sind es allerdings nicht gewohnt, offen über unsere Erfahrungen im Umfeld von Sterben und Tod zu sprechen. Darum ist es höchste Zeit, einer breiten Öffentlichkeit die Existenz der Nachtod-Phänomene nahe zu bringen. Das Leben orientiert sich nicht an theoretischen Annahmen der Wissenschaft, sondern diktiert seine eigenen Geschichten und Erfahrungen in die Herzen der Menschen. Solange wir aber unsere Gedanken und Gefühle als rein biochemische Gehirnfunktionen betrachten, kann die Naturwissenschaft Verstorbene nur im Gehirn der Überlebenden lokalisieren.

Berichte von Nahtod-Erfahrungen, also außerkörperlichen Erlebnissen von Menschen, die klinisch tot waren, zeigen, dass Bewusstsein unabhängig vom Körper existiert. Ich habe das in meinen bisherigen Büchern immer wieder dokumentiert. Es besteht ein universaler Kode des Sterbens, der in allen vorliegenden Berichten wiederkehrt: Frieden und Schmerzfreiheit, die außerkörperliche Erfahrung, der Übergang in die Jenseitswelt durch einen Tunnel, eine Bewusstseinserweiterung, die es ermöglicht, sich an jedem beliebigen Ort aufzuhalten, Kontakte mit Verstorbenen, der Durchgang durch das Licht, welches als Liebe beschrieben wird, und die Lebensrückschau.

Ein Aspekt der Nahtod-Erfahrung, der zum typischen Ablauf gehört, ist dabei auch für das Thema Nachtod-Kontakte von außerordentlicher Wichtigkeit: die Begegnung mit Verstorbenen oder Geistwesen. Sie findet in verschiedenen Formen statt:

- Erscheinungen von verstorbenen Verwandten oder nahe stehenden Menschen
- Erscheinungen von Unbekannten
- Erscheinungen von Engeln und Lichtwesen
- Erscheinungen von religiösen Persönlichkeiten
- Reine Lichterscheinungen
- Die Wahrnehmung Sterbender an entfernten Orten

Dazu ein aktuelles Beispiel aus Schweden:
«Eine Schwedin, Therese Svensson, machte Ende März 2004 eine Nahtod-Erfahrung. Die 22-jährige angehende Krankenschwester wird nach Drogengebrauch mit Herzstillstand in eine Klinik in Mölndal, Göteborg, eingewiesen. Ein unbekannter Mann mittleren Alters setzt sich zu ihr auf den Bettrand, worüber sie sich zunächst sehr ärgert. Sie schimpft mit ihm, er dagegen stellt sich als ihr Großvater vor – als Großvater mütterlicherseits, der schon tot war, als sie geboren wurde, und von dem sie nie ein Foto zu Gesicht bekommen hatte. Dieser Großvater war zeit ihres Lebens ein Tabuthema. Ihre Mutter und Großmutter wurden immer traurig, wenn die Rede auf ihn kam. Besagter Großvater

nun erzählt Therese, dass es für sie noch nicht an der Zeit sei, zu sterben. Sie müsse noch hier auf der Erde bleiben – was mit Thereses eigenen Wünschen durchaus übereinstimmt. In vielen NTEs (Nahtod-Erfahrungen; Anm. d. Verf.) wollen die Sterbenden nämlich weitergehen und nicht mehr ins Leben zurückkehren; in Thereses Fall haben wir jedoch nur einen Auszug aus einer NTE, nur die Begegnung mit einem Verstorbenen. Der Großvater gab Therese auch eine Nachricht für ihre Mutter mit auf den Weg: Sie möge ihr bitte sagen, dass es nicht ihr Fehler gewesen sei – der Großvater hatte damals einen Herzinfarkt erlitten und wollte partout nicht ins Krankenhaus, während seine Tochter ihn schließlich doch, allerdings nun zu spät, einlieferte.

Als Therese dann aus dem Krankenhaus entlassen wurde, sah sie zu Hause bei ihrer Mutter einen Stapel Fotos liegen und fragte, ob sie sich die Bilder mal anschauen dürfte. Sie entdeckte darunter ein Foto von dem Mann, der sich an ihrem Krankenbett niedergelassen hatte – sie erkannte ihn auf Anhieb wieder: Es war tatsächlich ihr Großvater. Sie hatte ihn so gesehen, wie er zuletzt vor seinem Tod, im Alter von 52 Jahren, wirklich ausgesehen hatte. – Die Begegnung mit der Erscheinung ihres Großvaters war für Therese sehr angenehm und äußerst trostreich.»[2]

In der ARD-Sendung «Dimension PSI» von 2003 über parapsychologische Phänomene zum Thema Nahtod-Erfahrungen berichtet der Holländer Everett Ter Beek von einem strahlenden Licht nach mehreren Herzanfällen. In seiner Vision wurde er mit Ereignissen seines Lebens konfrontiert, die er längst vergessen hatte. Er sieht eine Frau und einen Jungen, die ihn vorwurfsvoll ansehen. Dieses Bild verlässt ihn nicht. Nachdem er wieder zu sich gekommen ist, fällt ihm ein, dass es sich bei der Frau um eine frühere Freundin handelte. Doch wer war der Junge? Er macht sich auf die Suche nach der Frau und kann sie schließlich ausfindig machen. Sie erzählt ihm, dass sie einen gemeinsamen Sohn hatten, der bei einem Unfall ums Leben gekommen ist. Der Film zeigt den heute 77-Jährigen vor dem Grab seines Sohnes, wo ihn die Gefühle übermannen.

Dieses Beispiel illustriert neben der Begegnung mit Verstorbenen, dass alle unsere längst vergessenen Gedanken, Taten und Worte in der geistigen Welt erhalten bleiben. Everett Ter Beek hat offenbar Zugang zum Bewusstsein Lebender (die frühere Freundin) und Verstorbener (der Sohn). Seine Erlebnisse zeigen aber auch, dass wir nie wirklich von der geistigen Welt getrennt sind. Die unterschiedlichen Dimensionen des Seins (Diesseits und Jenseits) durchdringen einander auf vielfältige Weise und in den unterschiedlichsten Formen.

Sobald sich die Seele vom Körper lockert und ihn verlässt, erleben die Betroffenen eine Bewusstseinserweiterung. Das Gebundensein an Zeit und Raum wird aufgehoben. Der Mensch erlebt eine Kontinuität des Bewusstseins, wobei die Ich-Identität erhalten bleibt. Es können nun auch Dinge der geistigen Welt geschaut werden, die dem Menschen sonst nicht zugänglich sind.

Wie dies geschieht und in welchen unterschiedlichen Formen derartige Nachtod-Kontakte auftreten, können Sie auf den folgenden Seiten nachlesen. Erstmalig werden hier überwiegend aktuelle Berichte aus den deutschsprachigen Ländern dokumentiert. Ich hoffe, dass dieses Buch vielen Menschen hilft, eigene Erfahrungen besser einordnen und verstehen zu können, und dass es dadurch Trost und Hoffnung vermittelt. In jedem Fall zeigt es, dass wir unseren geliebten Verstorbenen jenseits von Raum und Zeit wieder begegnen werden.

Um das Phänomen der Nachtod-Kontakte wirklich verstehen zu können, müssen wir uns zunächst mit dem heutigen Wissen über das Sterben beschäftigen.

1. Teil: Einführung in das Phänomen der Nachtod-Kontakte

Der Sterbeprozess

Was geschieht, wenn wir sterben

Das Wissen darüber, dass der Tod nur ein Übergang in eine andere Form des Seins ist, existiert seit Anbeginn der Welt. Wir finden Hinweise darauf in der ältesten überlieferten Literatur, den heiligen Schriften der Völker und den Totenbüchern. Diese unterschiedlichen Quellen des Wissens über den Vorgang des Sterbens und was dabei mit uns geschieht sind über die Jahrtausende hinweg dokumentiert worden.

Wie bereits erwähnt, liegt dem Sterben des Menschen ein universaler Kode zugrunde, der an feststehende geistige Gesetzmäßigkeiten gebunden ist. Insofern wird es keine wesentlichen Neuigkeiten über den Tod für denjenigen geben können, der sich dieses Wissen durch eigene Erfahrungen oder Lektüre bereits erworben hat. Das Sterben wird sowohl in der Literatur als auch den mündlichen Überlieferungen stets mit den gleichen Attributen beschrieben.

Ob wir die Aussagen über ein mögliches Leben nach dem Tod akzeptieren können oder nicht, sollte nicht darüber hinwegtäuschen, dass jeder von uns ein Teil des großen Ganzen ist. In jedem menschlichen Wesen befindet sich der innewohnende göttliche Funke, durch den wir an der Unsterblichkeit teilhaben. Dieser ewige und unzerstörbare Kern des menschlichen Wesens ist der Geist, der mit einem eigenen Bewusstsein ausgestattet ist.

Die in diesem Buch dokumentierten Nachtod-Kontakte belegen darüber hinaus in eindrücklicher Weise, dass die mythologische Auffassung von einem fernen Himmel, der von weiß gekleideten Engeln bevölkert wird, nicht nur unwirklich ist, sondern jeder Grundlage entbehrt. Die Vorstellung, dass sich ein geliebter Mensch nach seinem Tod in einen geflügelten Engel in einem nebulösen Jenseitsreich verwandelt, ist also schlichtweg falsch. Wenn der Lebensfunke, die Lebensenergie, die uns ausmacht, den Körper für immer verlassen hat, fragen sich demnach viele Angehörige, die dem Sterben beigewohnt haben: Wohin ist die Energie, die eben noch den Körper belebte, entschwunden? Kann ich mit dem Verstorbenen in Kontakt treten? Werde ich noch gebraucht?

Es gibt eine Reihe solcher und ähnlicher Fragen, die uns quälen können, und sie führen zu immer neuen Zweifeln, Verwirrungen und Ängsten. Die innere Zerrissenheit des Menschen, dieses Schwanken zwischen Zweifeln und innerem Wissen über das Fortleben, spiegelt sich in besonderer Weise in den Nachtod-Kontakten wider: Es gibt so manchen, der kein Zeichen bekommt oder es einfach nicht erkennt, und andere, die reale Begegnungen mit Verstorbenen erleben, sie aber nicht als wirklich annehmen können. Für das Verständnis dieser Untersuchung über Nachtod-Kontakte ist es außerordentlich wichtig, sich bewusst zu machen, was mit uns geschieht, wenn wir sterben. Wenn diese Zusammenhänge verstanden werden, erwächst daraus das Verständnis, warum sich Verstorbene bei uns melden können.

Die fünf inneren Sterbephasen

Der Mensch durchläuft während des Sterbeprozesses fünf innere Phasen, die den Merkmalen der Nahtod-Erfahrungen entsprechen. Es wäre außerordentlich wünschenswert, dass sich die Menschen mit dem heutigen Wissen über den Sterbeprozess, der Bedeutung der Nahtod-Erfahrung und den wiederkehrenden Phänomenen nach dem Tod vertraut machen. Dadurch würde sich unser Umgang mit Sterbenden nachhaltig verändern. Die Gewissheit des Fortlebens und das Wissen um die Eigenverantwortlichkeit für unser Leben haben das Potenzial, unsere Gesellschaft zu verändern.

In der *ersten Phase* erlebt der sterbende Mensch einen Schwebezustand zwischen Wachen und Schlafen. Eine erste sanfte Lockerung der Seele vom Körper setzt ein. In der *zweiten Phase* treten die Bilder seines Lebens in sein Bewusstsein, wie bei einer Lebensrückschau, und der Sterbende versucht, mit sich ins Reine zu kommen. Gleichzeitig erlebt er eine Bewusstseinserweiterung, die es ihm ermöglicht, Verstorbene oder Geistwesen zu sehen. Diese Phänomene werden in der Forschung als Sterbebettvisionen bezeichnet. Dazu ein Beispiel, das mir eine Krankenschwester erzählte:

«Eine etwa 70-jährige Frau mit einem Magenkarzinom lag schon seit Wochen teilnahmslos in ihrem Bett. Sie hatte niemanden, der sie besuchte. Als ich dann einen Tag vor ihrem Tod das Zimmer betrat, war sie mit einem Mal wie verwandelt. Sie war bei klarem Bewusstsein und lächelte mich mit strahlenden Augen an. Sie hatte offenbar ihren Frieden gefunden und schien sehr glücklich zu sein. Sie berichtete mir: ‹Sie werden es mir nicht glauben, aber ich hatte Besuch von meiner verstorbenen Mutter. Ich lag dösend im Bett, als ich plötzlich meine Mutter vor mir stehen sah. Sie wirkte wie in der besten Zeit ihres Lebens. Sie breitete ihre Arme aus und teilte mir mit, dass sie mich erwarte. Wissen Sie, meine Mutter ist schon vor über vierzig Jahren gestorben. Ich freue mich so, sie wiederzusehen.› Die Frau starb am nächsten Vormittag, ruhig und friedlich.»

So mancher Sterbender greift auf ein imaginäres Ziel hin, andere starren mit glänzenden und freudig erhellten Augen auf eine weiße Wand. Was sie dabei erblicken, lässt sie meistens kurz darauf in Frieden sterben. Durch die sich verstärkende Lockerung der Seele vom Körper sind sie imstande, die sie umgebende geistige Welt wahrzunehmen. Deswegen sehen Sterbende bereits Verstorbene oder Engel und Lichtwesen, die sie abholen wollen.

In der *dritten Phase* des Sterbeprozesses wird das letzte Aufbäumen der physischen Reserven beobachtet. Je mehr sich ein Mensch gegen seinen bevorstehenden Tod wehrt, umso schwieriger gestaltet sich das Sterben. Es gibt Fälle, da steigen schwerkranke, alte Menschen unter Aufbietung all ihrer Kräfte über das Gitter ihres Bettes und werden tot in der Mitte des Raumes aufgefunden.

Je stärker sich die Seele vom Körper löst, desto mehr geht das Bewusstsein auf Reisen. Ein Sterbender nimmt nun seine Umgebung viel klarer wahr, als die meisten Menschen annehmen. Wenn die Angehörigen voll Schmerz und Trauer sind und nicht loslassen können, weil sie den bevorstehenden Tod nicht akzeptieren, beeinflusst das den Sterbeprozess negativ. Das ist u. U. auch der Grund dafür, dass viele Menschen in dem Augenblick sterben, in dem die Angehörigen für einen kurzen Moment den Raum verlassen haben.

Die *vierte Phase* ist der Augenblick des Todes. Atmung und

Herzschlag setzen endgültig aus, und die Silberschnur, die Körper und Geist zusammenhält, zerreißt. Die Seele kann nun nicht mehr in den Körper zurückkehren. Häufig ist eine erhöhte Energie im Raum feststellbar, aber auch Lichtphänomene können auftreten. Immer mehr Menschen erleben ein Mitsterben, das heißt, sie begleiten die Seele im außerkörperlichen Zustand bei ihrem Übergang durch den Tunnel ins Licht, selbst wenn sie nicht am Sterbeort anwesend sind.

Wer jemals direkt dem Sterben eines Menschen beigewohnt hat, weiß, dass sich dann eine Verwandlung einstellt: In der *fünften* und letzten *Phase* können wir erkennen, dass die Lebensenergie, die den individuellen Menschen ausmachte, nicht mehr vorhanden ist. Es stellt sich der Eindruck ein, nur noch eine leere Hülle vor sich zu haben. Diese körperliche Hülle des Menschen wirkt wie ein abgestreiftes Kleidungsstück und wird zu einem «Ding».

Diese Phänomene sind ein integraler Bestandteil des Sterbeprozesses. Sie werden gerade in Kranken- und Pflegehäusern immer noch als Halluzinationen oder geistige Verwirrung abgetan. Daher werden die Patienten unter starke Medikamente gesetzt. Für ein würdiges Sterben ist es jedoch unabdingbar, den Menschen das Wissen um die inneren Vorgänge beim Sterben wieder zugänglich zu machen.

Wichtig in diesem Zusammenhang ist die Feststellung, dass alle beschriebenen Phänomene eine Bewusstseinserweiterung des Sterbenden belegen, wie sie auch durch die Nahtod-Erfahrungen eindrücklich dokumentiert wird. Das eigentliche Sterben des Menschen ist identisch mit den Merkmalen, die beim klinischen Tod des Menschen erlebt werden. Das bedeutet nichts anderes, als dass die Seele des Menschen, wenn sie sich vom Körper löst, imstande ist, alles, was in ihrem Umfeld geschieht, genauer wahrzunehmen. Durch die Lockerung der Seele vom Körper wird ein Kontakt zur geistigen Welt hergestellt. Nahtod-Erfahrungen zeigen, dass jede Distanz überschritten werden kann, die den Betroffenen von den Angehörigen trennt. Beim eigentlichen Tod, dem Wechsel in eine andere, feinstoffliche Dimension des Seins, ist dies nicht anders. Insofern wohnt dem Zeitpunkt des Todes eine besondere Bedeutung inne, da der Sterbende oder soeben Verstorbene einen Kontakt zu seinen Angehörigen oder Freunden herzustellen versucht. Deswegen ereignen sich gerade im Todesmoment die unterschiedlichsten Formen von Nachtod-Kontakten. Wir dürfen dabei niemals vergessen, dass das Sterben mit einem gewaltigen Energieaufwand seitens des Betroffenen verbunden ist. Genau diese Energie wird durch den endgültigen Übergang freigesetzt. Sie kann nun überall sein. Es gibt wenige Verstorbene, die nicht auf die eine oder andere Weise ein Zeichen geben. Die Frage ist, inwieweit die Angehörigen imstande sind, diese Botschaften zu erkennen.

Mit den unterschiedlichen Formen von Nachtod-Kontakten wollen wir uns in diesem Buch näher auseinander setzen.

Eine Anmerkung zur Zitierweise: Bei allen Fallbeispielen, die mir persönlich mitgeteilt wurden, sind nur Anführungsstriche gesetzt. Bei der Verwendung anderer Quellen finden Sie die Verweise in den Anmerkungen.

Das Erleben des eigenen Todes

Die Kommunikation zwischen Lebenden und Verstorbenen ist abhängig vom Erleben des Todesaugenblicks. Was sich in diesem spezifischen Moment im Bewusstsein eines sterbenden Menschen abspielt, manifestiert sich unmittelbar nach seinem Tod. Da wir unsere Gedanken sind, erleben wir das, an was wir denken. Deswegen erhalten zahlreiche Menschen besonders im Augenblick des Todes Zeichen oder spüren die unmittelbare Gegenwart eines soeben Verstorbenen.

Beim Wechsel in die andere Dimension des Seins gibt es Unterschiede in der Wahrnehmung: Wenn ein Mensch sein Todeserlebnis geistig klar und bewusst erlebt, kann er die Erinnerung daran auch nach dem Tod bewahren. Er weiß dann, dass er gestorben ist. Es gibt aber Millionen von Seelen, die ihren Todesvorgang nicht realisiert haben. Durch die Bewusstseinskontinuität zwischen dieser und der anderen Welt sind sie sich ihres veränderten Zustandes nicht bewusst.

Wenn eine Seele denkt, dass sie weiterhin lebendig ist, versucht sie so weiterzuleben wie bisher. Sie hält sich dann weiterhin in der Nähe ihrer Angehörigen auf oder an bestimmten Orten, die ihr vertraut sind. Eine solche Seele bleibt zunächst erdgebunden. Diese verlorenen Seelen, die ihren Übergang in die höhere geistige Welt nicht vollzogen haben, können sich als Poltergeister oder durch Besessenheitsphänomene bemerkbar machen.

Durch alle Jahrhunderte ziehen sich die Aussagen medialer Menschen, die das Thema der Kontaktaufnahme von Jenseitigen mit irdischen Menschen behandeln. Aus den übermittelten Schilderungen der eigenen Todeserfahrung erkennen wir die Unterschiede der Wahrnehmungsmöglichkeiten Verstorbener.

Ich möchte dies anhand von Beispielen aufzeigen. Der medial hoch begabte Engländer Matthew Manning beschreibt in seinem Buch «Der Psychokinet» den Übergang seines Großvaters, der ihm durch automatisches Schreiben den folgenden Bericht übermittelte.

«‹Das Letzte, woran ich mich erinnere, ist ein starkes Schwindelgefühl. Ich hatte entsetzliche Kopfschmerzen. Ich glaube, ich wollte mich irgendwo festhalten, bekam aber nichts zu fassen, verlor das Gleichgewicht und fiel um. Dann kommt ein Punkt, an den ich mich nicht erinnere. Ich weiß es einfach nicht. Dann kam es mir vor, als wäre ich *über* dem Boden. Ich sah einen Körper auf der Erde liegen, und ein Mann in einem dunklen Anzug beugte sich darüber. Da wusste ich, dass es mein Körper sein musste. Ich glaube, ich schwebte darüber und sah, wie er reglos dalag. Alles war ruhig. Als Nächstes sah ich ein silbernes Band, das von meinem Körper zu dem neuen Wesen führte (entschuldige die Schrift, es wird schwieriger). Jetzt kommt noch eine erinnerungslose Periode. Als ich aufblickte, sah ich helles, weißes Licht und Gesichter, die ich kannte, aber seit langem vergessen hatte. Mein neuer Körper stieg sanft in die Höhe. Ich ließ meinen irdischen Körper unten zurück, als ob ich *flöge*.

Ich war völlig entspannt und trieb die ganze Zeit nach oben. Der Boden war nun nicht mehr zu sehen. Nach einer kurzen Reise kam ich hier zur Ruhe, in Frieden, mit Freunden und alten Bekannten. Mehr kann ich in Worten nicht für dich ausdrücken.

Wenn wir uns weiter unterhalten können, werde ich dir mehr mitteilen. Ich komme später wieder, ich kann jetzt nicht fortfahren. A. G. Manning.›»[3]

Mannings Großvater starb an einem plötzlichen Herzversagen. Der Tod ereilt ihn so überraschend, dass er den eigentlichen Vorgang des Wechsels in die andere Dimension nicht direkt erkennen kann. Er ist verwirrt, als er sich außerhalb des Körpers wahrnimmt und sich selbst unten auf dem Boden liegen sieht. Der Mann sieht zwar die Silberschnur und sein eigenes Doppel, den Geistleib, wird dann aber bewusstlos. Als er wieder zu sich kommt, steht er im Licht und wird von vorangegangenen Verstorbenen empfangen. Erst jetzt kann er loslassen und endgültig in die ewige Heimat reisen.

Die Lücken in der Erinnerung zeigen, dass Mannings Großvater nicht auf seinen Tod vorbereitet war. Er durchläuft quasi unbewusst den klassischen Übergang: außerkörperliche Erfahrung, Begegnung mit Verstorbenen, Tunnel, Licht.

In dem nun folgenden Beispiel spricht der Wiener Neurologe Karl Nowotny durch die medial schreibende Grete Schröder. Er erzählt, wie er seinen Tod ohne jeden Bewusstseinsverlust erlebt hat, und berichtet von einer absoluten Kontinuität des Bewusstseins.

«Er schildert, dass er sich an einem schönen Frühlingstag auf dem Land aufhielt, dass er sich zwar unwohl fühlte, aber trotzdem mit Freunden spazieren ging. Ganz plötzlich glaubte er, wieder gesund und munter zu sein: ‹Ich lief davon und atmete tief die frische Luft, und ich war so froh wie schon lange nicht. – Was ist mit mir geschehen, dachte ich, dass ich plötzlich keine Beschwerden hatte, keine Müdigkeit und keine Atemnot. – Ich kam zu meiner Begleitung zurück, und siehe da, was war das? Ich stand da, und gleichzeitig sah ich mich auf dem Boden liegen. Die Umstehenden waren verzweifelt und aufgeregt, riefen nach dem Arzt und holten ein Auto, um mich heimzufahren. – Aber ich war doch gesund geworden und fühlte keine Schmerzen. Ich konnte es nicht verstehen.

Ich befühlte das Herz des Liegenden, ja, es stand still – ich war tot. Aber ich lebe doch! Ich sprach die Freunde an, aber sie sahen mich nicht und gaben keine Antwort. – Da wurde ich ärgerlich und ging weg. Aber immer wieder kam ich zurück. Es war kein schöner Anblick für mich, die weinenden, traurigen Freunde, die nicht auf mich hören wollten, und der tote Körper vor mir, obwohl ich mich ganz gesund fühlte. – Dazu mein Hund, der verzweifelt schrie und nicht wusste, zu wem er gehen sollte. Er sah mich hier und dort. – Nachdem alle Formalitäten erledigt waren und man meinen Körper in einen Sarg legte, da wusste ich, dass ich gestorben sein muss. Ich wollte es trotzdem nicht glauben. Ich ging zu meinen Kollegen auf der Universität, sie sahen mich aber nicht und erwiderten nicht meinen Gruß. Ich war sehr beleidigt. Was sollte ich tun? Ich ging auf den Berg, wo Grete wohnt. Sie saß traurig da, hörte mich auch nicht. Es half alles nichts, ich musste die Wahrheit erkennen. – In dem Augenblick, da mir bewusst wurde, dass ich die irdische Welt verlassen hatte, sah ich meine gute Mutter …›»[4]

Derartige Schilderungen, in denen das Leben nahtlos weitergeht, finden sich ebenfalls in zahllosen Nachtod-Erfahrungen, besonders bei Unfällen.

Bei einem plötzlichen Tod fällt der übliche Sterbeprozess vollständig weg. Der Betroffene ist bei vollem Bewusstsein und steht von einem Moment zum anderen seinem Tod gegenüber. Es stellt sich die blitzartige Erkenntnis ein, sterben zu müssen, beziehungsweise dass der Tod unmittelbar bevorsteht.

Schon 1972 veröffentlichte der Psychiater Russel Noyce zusammen mit Rey Kletty eine Studie über den plötzlichen Tod. Auf der Grundlage der Arbeiten von Albert Heim, die bereits 1892 veröffentlicht wurden, untersuchte sein Forschungsteam

Kriegsverletzte, Menschen, die sich durch ein Zugunglück in Lebensgefahr befunden hatten, oder Personen, die in den Bergen abgestürzt waren. Dabei stellte sich heraus, dass die unmittelbare seelische Reaktion der Betroffenen positiv war.

«Ein Bergsteiger, der eine Felswand hinuntergestürzt war, prallte mit dem Rücken und seinem Kopf auf. Dieses Ereignis konnte er zwar hören, doch schon während des Fallens wurde er mit einer Flut von Gedanken überschwemmt, die zusammenhängend waren. Er erlebte eine Rückschau auf sein Leben und dann den Übergang in die geistige Welt. Äußerlich verlor er zwar das Bewusstsein, doch er selbst bemerkte keine Unterbrechung in seinem Gedankenstrom. Noch im Fallen hatte er angenehme Vorstellungen.»[5]

Das Ereignis des Todes wird von den Betroffenen unterschiedlich wahrgenommen. Es ist abhängig vom persönlichen, individuellen Bewusstseinszustand des Verstorbenen. Die Fähigkeit zur Kommunikation hängt damit zusammen, ob jemand erkennt, dass er gestorben ist. Je mehr unerledigte Dinge zurückgelassen worden sind, umso mehr wird ein Verstorbener weiterhin versuchen, diese auf der irdischen Ebene abzuschließen. Diese Seelen bleiben erdgebunden oder treten in negativer Weise in Erscheinung.

Wer hingegen bei klarem und bewusstem Geist stirbt und weiß, was auf ihn zukommt, findet bei Bedarf natürliche Wege, seinen Angehörigen kleine Lebenszeichen zu geben. Das erklärt die vielen kleinen stillen Fälle, mit denen wir uns in diesem Buch beschäftigen wollen.

Eine gute Übersicht über die Empfindungen und das Verhalten von Verstorbenen kurz nach ihrem Übergang findet sich in dem Buch des amerikanischen Psychiaters Carl Wickland, «Dreißig Jahre unter den Toten»:

«Die allermeisten Menschen bleiben nach dem Ablegen des Körpers geraume Zeit an ganz demselben Ort, wo sie ihr Leben verbracht haben, ganz gleich, ob sie gelehrt oder ungebildet sind. Wenn sie eben vom Jenseits nichts wissen, dann bleiben sie da stehen, wo sie gerade gestorben sind. – Viele liegen in tiefem Schlaf oder gar in schwerer Bewusstlosigkeit, wenn sie unter der Wirkung von Betäubungsmitteln gestorben sind. In diesem Zustande bleiben sie so lange, bis Verwandte oder Freunde in der geistigen Welt sie finden und aufwecken oder auch irgendjemand von diesseits oder jenseits durch seine Gedankenwellen einen Boten bewegt, die Betreffenden wachzurütteln. – Manche wiederum haben sich selber in einen tiefen Schlafzustand versetzt, durch den religiösen Glauben, dass sie bis zum Jüngsten Tage im Grabe zu liegen hätten, oder durch die Vorstellung, dass mit dem Tode alles aus sei. – Dann gibt es viele aus allen möglichen religiösen Bekenntnissen, die überhaupt nicht wissen, dass sie gestorben sind [...] Sie sammeln sich hier auf der Erde in großen Scharen in der Umgebung der Kirchen und singen und beten in einem fort. – [...] Andere Geister wieder beeinflussen Menschen zum Bösen. Sie tragen sich vielleicht mit Rachegedanken und hypnotisieren empfängliche Personen und machen sie besessen ...»[6]

Wenn sich ein Verstorbener mitteilt, insbesondere bei spontanen Kontakten, benötigt er dazu eine persönliche Wellenlänge. Grundsätzlich ist es nur möglich, jene in Gedanken zu erreichen, deren Geist eine ähnliche Schwingung aufweist. Jeder von uns hat eine eigene, individuelle Wellenlänge und kann nur auf dieser Frequenz empfangen. Wenn solche Kontakte zustande kommen, sind sie eigentlich Geschenke.

Die Verbindungen mit Verstorbenen können in der ersten Zeit nach dem Tod ein großer Trost sein oder sogar praktische

Lebenshilfe bedeuten. Wichtig ist es zu wissen, dass sie niemals eine bleibende Krücke zwischen dieser und der anderen Welt werden dürfen. Die Manifestationen Verstorbener belehren uns darüber, dass das Leben auch nach dem Tod weitergeht. Spätestens wenn der Verstorbene in höhere Bewusstseinsebenen übergeht, entfernt er sich vom irdischen Bewusstseinszustand und verabschiedet sich. Insofern brechen die meisten Kontakte irgendwann ab, da jeder von uns im Diesseits wie im Jenseits seine Aufgaben zu erfüllen hat. Uns bleibt die Gewissheit, dass wir den geliebten Menschen, die uns vorangegangen sind, nach unserem Tod wieder begegnen werden, dass sie uns abholen, wenn unsere Zeit dazu gekommen ist. Wir bleiben durch unsere Gedanken und unsere Liebe für immer mit ihnen in Kontakt.

Ängste im Umgang mit Verstorbenen

Begegnungen mit Verstorbenen lösen bei vielen Menschen tief sitzende Urängste aus: die grundlegende Furcht vor dem Unbekannten und dem Jenseits. Nachtod-Phänomene entziehen sich dem menschlichen Willen und befinden sich außerhalb unserer Kontrolle. Deswegen wirken die spontan auftretenden Kontakte mitunter so bedrohlich: Sie beinhalten eine Konfrontation mit einer anderen Realität, die viele Erlebende vorher nicht für möglich gehalten haben. Die Realität der Nachtod-Kontakte steht dem heutigen Zeitgeist diametral entgegen. Viele glauben, dass der Mensch nur sein Körper ist, und streben einen möglichst großen Lustgewinn an. Wenn sich ein geliebter Verstorbener meldet, konfrontiert das den Menschen mit dem

Fortleben nach dem Tod. Starre Weltbilder werden zertrümmert, da offenbar wird, dass unser Leben weniger fassbar oder berechenbar ist, als wir annehmen. Deswegen sprechen so wenige Menschen offen über ihre Erlebnisse. Die Tatsache, dass es Dinge zwischen Himmel und Erde gibt, auf die wir keinen Einfluss haben, ist das eigentlich Unheimliche an derartigen Phänomenen. Diese Urangst des Menschen ist auch bei Tieren vorhanden. Sie wohnt jeder lebendigen Kreatur inne.

Die Ängste vor den Begegnungen mit Verstorbenen sind ein Spiegel der Zerrissenheit des Menschen. Viele sehnen sich nach greifbaren oder sichtbaren Zeichen, die aber, wenn sie dann auftreten, entweder als nicht ausreichend abgetan oder als unheimlich empfunden werden.

«Meine Oma starb im November 2002. Nach ihrem Tod hielt ich mich häufig allein in ihrer Wohnung auf. Ich hatte jedes Mal das Gefühl, dass sie da ist, und ich spürte deutlich ihre Anwesenheit. Gleichzeitig hatte ich eine unerklärliche, wahnsinnige Angst, dass sie plötzlich vor mir stehen würde. Ich frage mich immer wieder, ob es tatsächlich möglich ist, dass meine Oma bei mir ist und als Geist auf mich aufpasst.»

Wir können Nachtod-Kontakte als Ausdruck der universalen Liebe hinter allem Sein ansehen, da sie Trost, Hoffnung und Lebensmut spenden. Die baltische hellsichtige Schriftstellerin Zenta Maurina schrieb dazu:

«Die uns geliebt haben, wirken für uns auch im Jenseits durch ihre Reinheit und Fürbitte. Wie wäre es sonst zu verstehen, dass uns plötzlich, nach langem, vergeblichem Bemühen, die Lösung einer schweren Frage gelingt und wir, in ein Chaos verstrickt, den richtigen Weg wider alle Vernunft unerwartet finden? […] Die Entrückten aus unserem Leben ausschließen bedeutet innere Verkümmerung und Isolation. Wer mit den Toten denkt und fühlt, ihre Aufträge weiterlebt, dessen zerrissenes Leben wird heil.»[7]

Die ambivalenten Reaktionen haben damit zu tun, dass Kontakte mit Verstorbenen subtil, flüchtig und wenig fassbar sind. Sie sind von ihrem Wesen her intuitiver Natur und werden häufig in einem erweiterten Bewusstseinszustand erlebt. Das setzt eine Offenheit voraus, die über den Verstand nicht herzustellen ist. Ursula K. schrieb mir:

«Mein Lieblingsonkel war nach einem Skiunfall gestorben. Als ich alleine in unserer Wohnung war, klopfte es plötzlich dreimal ganz laut auf Glas. Ich weiß nicht, ob es das Fenster oder unsere Glasvitrine war. Es war sehr eindringlich, und ich wusste sofort: Onkel Gottfried ist da. Ich habe ihn ganz deutlich gespürt, und die Ledercouch hat gekracht und nachgegeben, als hätte er sich dort hingesetzt. Ich hatte das unbeschreibliche Gefühl, dass er sich verabschieden wollte. Ich hatte Angst, habe mich bedankt, aber ihn gebeten, mir keine Angst mehr zu machen. Ich wüsste es sehr zu schätzen, dass er sich an mich wendet, aber ich habe seine Botschaft verstanden. Ich habe zu meinem Onkel eine sehr enge Bindung gehabt, und wir waren uns sehr ähnlich. Dennoch ist diese Begegnung irgendwie furchteinflößend für mich gewesen.»

Angst blockiert die Wahrnehmung des Menschen. Erst wenn wir einen Kontaktversuch wirklich akzeptieren, können wir uns von der Angst befreien. Die Absicht der meisten Verstorbenen ist es, uns Trost und Zuversicht zu vermitteln, nicht aber, uns zu verängstigen. Sie wollen uns helfen und unterstützen, den Verlust zu verarbeiten. Deswegen existieren auch unterschiedliche Formen der Kontaktaufnahme. Die Verstorbenen wählen entweder einen Traum, eine Erscheinung oder geben subtile Zeichen, damit wir uns nicht erschrecken. Wenn ein negatives

Gefühl auftritt, das bedrohlicher oder schwermütiger Natur ist, handelt es sich um erdgebundene Seelen, die ihren Übergang in die andere Welt noch nicht endgültig vollzogen haben.

Nachtod-Kontakte schenken uns in der Regel jedoch Hilfe und Ermunterung – wenn wir lernen, offen mit ihnen umzugehen. Auch wenn viele Menschen innerlich wissen, dass sie wirklich in Kontakt mit einem Verstorbenen getreten sind, so zeigt sich in meinen Seminaren, dass sie in diesem Rahmen häufig das allererste Mal über ihre Erlebnisse sprechen. Die Teilnehmer sind dann sehr erstaunt darüber, wie viele andere Menschen ähnliche Erfahrungen mit Verstorbenen gemacht haben.

Obwohl die Sterbeforschung in den vergangenen vierzig Jahren erstaunliche Details über den Sterbeprozess, über die Nachtod-Erfahrungen und auch über die Nachtod-Kontakte vorlegte, sind die Erkenntnisse über den Tod und das Leben danach keineswegs ins Bewusstsein der breiten Masse eingedrungen. Die erschreckende Hilflosigkeit und Lähmung der Angehörigen angesichts des Todes zeigt, dass wir von einem entspannten Umgang mit Sterben und Tod weit entfernt sind. Es ist noch erhebliche Aufklärungsarbeit erforderlich, um dieses Wissen allen Menschen verständlich zu machen. Über seine eigenen Erlebnisse und Unsicherheiten zu sprechen erfordert immer noch großen Mut. Das zeigen die folgenden Zeilen eines langen Briefes von Hildegard. Sie hatte über einen längeren Zeitraum hinweg intensive Kontakte mit ihrer verstorbenen Mutter.

«Niemals zuvor in meinem Leben hat mir ein zu schreibender Brief schon im Vorfeld so viel an Mut abverlangt, und es hat nun über ein Jahr gedauert, bis ich zu der Einsicht gelangte, dass der Kontakt mit Ihnen mir möglicherweise in meiner Ratlosigkeit weiterhelfen kann. Sowohl in der Familie als auch im Bekannten- und Freundeskreis bin ich auf so viel Unverständnis und Distanz gestoßen, dass ich mich völlig verunsichert zurückgezogen habe, weil ich einerseits genau weiß, dass das, was ich erlebt habe beziehungsweise noch erlebe, tatsächlich geschehen ist, andererseits aber auch die Reaktionen der Umwelt verstehen kann, weil ich vermutlich vor zwei Jahren noch in gleicher Weise reagiert hätte.

Und so bleiben zeitweilige Selbstzweifel und Unsicherheiten nicht aus; in mir lösen sich Staunen, Dankbarkeit, Freude und Ratlosigkeit ab. Das Allerschlimmste aber ist: Ich kann mit niemandem darüber reden, weil – außer meinen beiden Töchtern – offenbar alle meinen, ich gehörte in psychotherapeutische Behandlung; und selbst meine Töchter lassen mitunter erkennen, wie unglaublich sie alles empfinden, und nur der Umstand, dass sie ihre Mutter einigermaßen gut zu kennen glauben, lässt sie mich unterstützen, wobei sie aber gewisse Vorbehalte einräumen.»

Vielleicht können die vielfältigen Kundgaben Verstorbener, wie sie auf den folgenden Seiten dokumentiert werden, dazu beitragen, dass die Menschen erfahren, dass sie mit ihren persönlichen Erlebnissen mit der Anderswelt nicht alleine dastehen.

Die Geschichte und Erforschung der Nachtod-Kontakte

Die frühen Jenseitsvorstellungen

Wenn ein Mensch vor dem geschlossenen Grab eines geliebten Angehörigen steht, empfindet er den Tod oft als unüberwindbare Schranke. «Es ist noch niemand von den Toten zurückgekehrt», heißt es dann verzweifelt. Gibt es wirklich die Möglichkeit, ein Tor zur anderen Welt zu finden und Antworten über den Verbleib unserer Verstorbenen zu bekommen? Diese Frage muss eindeutig mit «Ja» beantwortet werden.

Die vielfältigen literarischen und schriftlichen Überlieferungen der Menschheitsgeschichte über das Fortleben nach dem Tod zeigen, dass Nachtod-Kontakte von jeher stattgefunden haben.

Jenseitsvorstellungen prähistorischer Menschen

Aus prähistorischen Funden können wir schließen, dass der Vorzeitmensch an ein Weiterleben nach dem Tod glaubte. Darauf deuten die erhalten gebliebenen Felszeichnungen und

Grabbeigaben hin. Die Vorstellungen in der Steinzeit über den Verbleib der Seele entsprechen durchaus den unsrigen. Schon damals glaubte man, dass diejenigen, die zu Lebzeiten «böse» waren, sich in «Dämonen» verwandelten. Die Guten, Edelmütigen oder Tapferen wurden zu den Göttern erhoben. Die Geschichte der Vorzeit zeigt, dass die Toten mit ihren Angehörigen in Verbindung gestanden haben.

Die Vorstellung vom Verbleib der Seele unmittelbar nach dem Tod war davon geprägt, dass sich die Seele noch eine Zeit lang in der Nähe des Grabes aufhält. Das geht aus den schriftlichen Überlieferungen und prähistorischen Funden hervor, die von Wissenschaftlern untersucht worden sind. Die Seele unternimmt demnach kurze Besuche bei vertrauten Personen oder Plätzen, bis sie schließlich zu ihrem ureigenen Bestimmungsort aufbricht. Das Verhalten einer Seele den Lebenden gegenüber wurde als durchaus freundlich und hilfsbereit geschildert, konnte aber auch durch Rache, Hass oder Zerstörung im negativen Sinn wirksam sein.

Schon der «Pekingmensch» (Homo erectus), der Vorfahre des heutigen Menschen, unternahm bereits den Verusch, die Toten an eine Wiederkehr in die Welt der Lebenden zu hindern; das belegen die Grabfunde jener Zeit: So wurde der Kopf häufig abgetrennt, da er als Wohnort der Seele galt, das Grab wurde mit schweren Steinen beschwert und Ähnliches. Derartige Bestattungsbräuche haben sich bei den heute noch existierenden Naturvölkern Afrikas bis heute gehalten.

Die Anrufung der Toten gehörte in frühester Zeit zum Stammesritus der Urmenschen. Galten zunächst Körper und Seele als untrennbare Einheit, bewirkte die Entwicklung der Bestattungsriten die Vorstellung einer eigenständigen Seele, die unabhängig vom Körper ist. Durch den Tod wird die Seele vom

Körper getrennt. Der Glaube daran lässt sich durch die so genannten Schädelpenetrationen belegen. Der Religionswissenschaftler Stefan Högl schrieb dazu:

«Es handelt sich um Öffnungen des menschlichen Schädelknochens, die schon zu Lebzeiten erfolgt sind und die nicht etwa einer medizinischen Behandlung gedient haben. Die künstliche Öffnung sollte vielmehr ein Durchgang für die vermutete Seele sein, deren Sitz man ganz offensichtlich mit dem Kopf in Verbindung brachte. Eine ähnliche Absicht dürfte der Schaffung von rundlichen Löchern in Steinkistengräbern zugrunde gelegen haben: Die als ‹Seelenlöcher› bekannten Öffnungen sollten wohl den Seelen der Toten den Zugang zu ihren Skeletten ermöglichen. Die Vorstellung von einer aus dem Körper fortziehenden Seelengestalt ist vermutlich entstanden, als sich das menschliche Denken aus seinem ursprünglichen, unmittelbaren Erleben weiterentwickelt hat. Langsam begannen unsere Vorfahren zwischen sich selbst und unserer Umwelt zu unterscheiden, später dann auch zwischen ihrem Körper und ihrem Bewusstsein, zwischen Leib und Geist.»[8]

Im frühen Schamanismus, der sich nach der letzten Eiszeit vor circa 10 000 Jahren herausbildete, waren die Schamanen, die Priester oder Medizinmänner imstande, eine Verbindung mit der Geisterwelt herzustellen. Die Fähigkeit, den Körper zu verlassen und Kontakt mit den Ahnen aufzunehmen, war die Grundlage ihrer spirituellen Tätigkeit. Die Grenzen des alltäglichen Bewusstseins hoben sich dadurch auf, und die Seele konnte an jedem beliebigen Ort sein. Professor Ozols schrieb dazu:

«Sie kann mühelos große Entfernungen überwinden und an unbekannte oder nicht mehr zu der diesseitigen Welt gehörende Orte gelangen. Sie ist auch nicht mehr an eine bestimmte Zeit gebunden, und sie kann wie das Vergangene so auch das

Zukünftige erleben. Sie kann ferner die Seelengestalten längst verstorbener Menschen treffen, Geistern begegnen und ungewöhnliche Abenteuer bestehen.»[9]

Die Schamanen vertrauten auf die Hilfe der verstorbenen Verwandten in schwierigen Situationen oder bei Krankheiten. Eine enge Verbindung mit den Toten ist dabei die Voraussetzung. Insofern können wir aufgrund unseres heutigen Wissens über den Schamanismus darauf schließen, dass die Heiler medial veranlagt waren. Die Jenseitsvorstellungen des prähistorischen Menschen sind bereits von Himmel und Hölle geprägt, ebenso von der Vorstellung eines Wiedersehens mit verstorbenen Angehörigen. Dabei finden wir auch die Beschreibung des göttlichen Lichtes.

Im Gilgamesch-Epos, der ältesten überlieferten Erzählung der Weltliteratur (circa 2500 vor Christus), versucht der Held, Unsterblichkeit zu erlangen. Nach dem Tod seines Freundes Enkidu versucht Gilgamesch, ins Totenreich einzudringen. Skorpionmenschen hüten das Tor zur Sonne, doch sie lassen ihn passieren. Gilgamesch durchquert einen dunklen Tunnel, an dessen Ende er ein Licht erblickt. Die Beschreibung des Übergangs in die andere Welt jenseits des Todes liest sich wie eine heutige Nahtod-Erfahrung:

«... doch am Ende dieser Stunde stand ich auf einmal draußen vor dem Schacht, und da war die Sonne. Ich stand in ihr und war blind – in den Höhlen brannten die Augen wie flüssiges Feuer.

Unter mir sah ich den Berg, sich brechen das Licht, sich aufspaltend in Farben hinter all dem Weiß. Flächen ineinander verworfen, schiefrig: ein Blinken wie von Eis, widergespiegelt im Stein: Alabaster milchig durchzogen, der von Achaten zu schimmern und zu glimmen begann ...»[10]

Gilgamesch ist von der Schönheit der anderen Welt wie geblendet und will nicht wieder auf die Erde zurück – ein Motiv, das wir auch heute in vielen Schilderungen von Nahtod-Erlebenden finden. Der Sonnengott verfügt, dass Gilgamesch weiterleben soll.

Jenseitsvorstellungen in der Antike

Dass der Mensch mehr ist als seine körperliche Hülle und nicht nur aus Knochen und Sehnen besteht, galt den Völkern des Altertums als feststehende Tatsache. Im antiken Griechenland glaubten viele bedeutende Philosophen, dass sich die Seele nach dem Tod in ein ätherisches, unkörperliches Abbild der irdischen Erscheinung des Verstorbenen verwandelt. Dieses Wissen wurde von Homer in seiner «Odyssee» dargestellt. Im elften Gesang seines Epos findet sich das «Buch des Todes». Dieses enthält die erste ausführliche Beschreibung einer Totenbefragung durch ein Medium in der Weltliteratur.

Odysseus will seine medialen Fähigkeiten nutzen, um mit dem verstorbenen Propheten Teiresias in Verbindung zu treten. Er befindet sich in einer schwierigen Situation und weiß nicht, was er tun soll. Die Zauberin Kirke, Tochter des Sonnengottes, hatte ihm geraten, seine medialen Fähigkeiten zu nutzen. Odysseus befolgt ihre Anweisungen und ruft die Toten aus dem Hades hervor.

Das Verblüffende an den Beschreibungen Homers ist, dass schon der erste Geist, der erscheint, einen konkreten Bericht darüber abliefert, wie er gestorben ist. Noch heute erfahren viele Menschen durch einen Besuch bei einem Medium vorher nicht bekannte Einzelheiten über die Todesumstände eines Angehörigen. Der erscheinende Geist ist Odysseus' Reisegefährte Elpenor, von dem er noch gar nicht wusste, dass er gestorben war. Elpenor berichtet:

«Ach, ein Dämon schuf und vieler Wein das Verhängnis!
Schlafend lag ich auf Kirkes Dach und erwachend vergaß ich,
Mich zur hohen Treppe zu drehn, um hinunterzusteigen,
Sondern gradaus taumelte ich vom Dache und brach mir
Das Genick, und meine Seele fuhr in den Hades.»[11]

Die Unterwelt, von der hier die Rede ist, galt in der Frühantike nicht als Ort ewiger Verdammnis, sondern als Aufenthaltsort der Seele nach dem Tod. Später erst wurde damit die Hölle bezeichnet. Das Totenreich wird in Homers «Odyssee» wie ein Nachbarland unseres Lebensbereiches beschrieben, welches sich darunter (Unterwelt, Hades, Hölle) oder darüber (Himmel, elysische Gefilde) befindet.

Durch die Jahrtausende belegt das Phänomen der Erscheinung Verstorbener, dass die Seele nach dem Tod einen feinstofflichen Körper annimmt, der dem Aussehen des irdischen Körpers entspricht. In der «Odyssee» des Homer wird dieser Aspekt durch die Befragung und Erscheinung seiner verstorbenen Mutter bekräftigt. Er ist so beeindruckt von dieser Begegnung, dass er seine Mutter umarmen will. Die Erscheinung lässt sich aber nicht fassen:

«Meiner toten Mutter Seele wollt ich umarmen;
Dreimal stürzt ich hinzu, sehnsüchtig, dass ich sie griffe,
Dreimal mir aus der Hand wie ein Schatten und ein
   Traumbild,
Schwand es weg.»[12]

Odysseus ist verstört über die Ungreifbarkeit der Seele seiner Mutter und fühlt sich zunächst getäuscht, doch seine Mutter klärt ihn über das Schicksal der Toten auf:

«… dies ist das Los des Menschen, wenn sie gestorben.
Denn nicht mehr wird Fleisch und Bein durch Sehnen
    gebunden,
Sondern die große Gewalt des brennenden Feuers verzehrt
    dies
Alles, sobald das Leben die weißen Gebeine verlassen.
Aber die Seele entfliegt und schwebt dahin, wie ein Traum-
    bild.»[13]

Die menschliche Seele ist mit einem eigenen Bewusstsein ausgestattet. Sie überlebt den körperlichen Tod und geht in die Ewigkeit ein. Von ihrem Wesen her ist sie feinstofflicher Natur und daher bei Erscheinungen meist nicht greifbar.

Hinweise auf ein Leben nach dem Tod finden sich in vielen Glaubensüberzeugungen früherer Völker. Man war sich sicher, dass sich die Seelen der Toten als Geister weiterhin in der Nähe ihres Todesortes oder ihrer Grabstätte aufhielten. Das trifft insbesondere auf diejenigen zu, welche unerledigte Dinge jeder Art aufweisen. In den zeitgenössischen Berichten werden diese Seelen als «verlorene Seelen» bezeichnet, die durch erdwärts gerichtete Wünsche und Begierden, durch Rachsucht, Wut, Hass und Zorn und Gebundensein an Personen oder Orte in ihrem Übergang stecken bleiben. Viele dieser Seelen erkennen nicht, dass sie gestorben sind. Platon (427–347 v. Chr.) schreibt in seiner Ideenlehre «Phaidros»:

«Ihr kennt die Geschichte über Seelen, die [...] auf Fried-höfen und Grabstätten umgehen, auf denen, wie es heißt, ge-spenstische Phantome der Seelen tatsächlich gesehen werden: eben jene Erscheinungen, die derartige Seelen hervorbringen würden, Seelen, die nicht rein sind, wenn sie den Körper ver-lassen, sondern noch etwas von der Körperlichkeit zurückbe-halten, was erklärt, warum man sie sehen kann ... Es sind zweifellos nicht die Seelen der guten Menschen, sondern die der bösen, die als Strafe für einen üblen Lebenswandel gezwungen werden, solche Orte heimzusuchen.»[14]

Derartige Vorkommnisse werden heute von der parapsychologischen Forschung mit dem Begriff «Poltergeister» assoziiert. Die entsprechenden Phänomene umfassen ein breites Spektrum übernatürlicher Ereignisse: Bewegung von Gegenständen, Klopfgeräusche ohne erkennbare Quelle, Werfen von Steinen oder anderen Objekten, Schlagen, Kratzen, Pfeifen, Singen, Sprechen. Poltergeister sind Geistererscheinungen, die meistens nicht mit einem bestimmten Verstorbenen in Verbindung stehen, sondern auf einen bestimmten Ort beschränkt sind.

Kontakte mit Verstorbenen in der Bibel

Die Bibel berichtet bereits auf den ersten Seiten vom Umgang der Menschen mit Geistwesen. Permanent wird von Verstorbenen, Engeln und Erscheinungen des Herrn gesprochen. So sieht Abraham einen Engel an der Orakelstätte von Mamre, einem Ort, an dem Wahrsagungen stattfanden. Hier offenbaren sich ihm Gott und seine Engel: «Und der Herr erschien ihm im Heim Mamre, während er an der Tür seines Zeltes saß … Und als er seine Augen aufhob und sah, siehe, da standen drei Männer vor ihm» (1. Moses 18.1 f.).

In einem der drei Männer erkennt Abraham den persönlichen Gott des Alten Testaments, Jahwe. Die anderen beiden Engel erscheinen kurz darauf seinem Neffen Lot und fordern diesen auf, die Stadt Sodom zu verlassen: «Die zwei Engel kamen nach Sodom am Abend; Lot aber saß zu Sodom unter dem

Tor, und als er sie sah, stand er auf, ging ihnen entgegen und neigte sich bis zur Erde» (1. Moses 19.1).

Im Buch Hiob, dem wahrscheinlich ältesten Buch der Bibel, findet sich ein konkreter Bericht über eine Geistererscheinung. Ein Verstorbener erscheint Elifas, einem der Berater Hiobs, im Traum. Am nächsten Tag erzählt Hiob von dem geheimnisvollen nächtlichen Besucher:

«Zu mir ist heimlich ein Wort gekommen, und von ihm hat mein Ohr ein Flüstern empfangen beim Nachsinnen über Gesichter in der Nacht, wenn tiefer Schlaf auf die Leute fällt … Da stand ein Gebilde vor meinen Augen, doch ich erkannte seine Gestalt nicht. Es war eine Stille, und ich hörte eine Stimme» (Hiob 4,12–13.16).

Bemerkenswert an diesem Bericht ist die Angst des Erzählers vor dem Unbekannten. Wir werden auf den folgenden Seiten dem Motiv der Angst in den Kontakten mit Verstorbenen immer wieder begegnen.

Eine der bekanntesten biblischen Erzählungen über Kontakte durch Medien ist der Bericht des Königs Saul über seine Erlebnisse bei der Totenbeschwörerin von Endor. Der König befindet sich in großer Bedrängnis: Er ist von den Feinden Israels umzingelt. Sein Gönner Samuel war gestorben, worauf Saul alle Totenbeschwörer und Wahrsager aus dem Land vertreiben ließ. Da er nun selbst das Gefühl hat, von Gott verlassen zu sein, verkleidet er sich und lässt sich zu der Wahrsagerin von Endor führen. Hier möchte er durch Samuel von seinem Schicksal erfahren. Das Medium erkennt den König und beschwört nun Samuel:

«Und der König sagte zu ihr: Fürchte dich nicht! Nun, was siehst du? Die Frau antwortete Saul: Ich sehe einen Geist aus der Erde heraufsteigen.

Er sagte zu ihr: Wie sieht er aus? Und sie antwortete: Ein

alter Mann steigt heraus. Er ist in ein Oberkleid gehüllt. Da erkannte Saul, dass es Samuel war, und er neigte sich mit seinem Gesicht zur Erde und fiel nieder» (1. Samuel 28,13–14).

Durch die konkrete Beschreibung der Kleidung erkennt Saul, dass er direkt mit Samuel in Kontakt getreten ist. Dieser fühlt sich in seiner Ruhe gestört und prophezeit ihm:

«Und der HERR wird auch Israel mit dir in die Hand der Philister geben. Morgen wirst du mit deinen Söhnen bei mir sein. Auch das Heerlager Israels wird der HERR in die Hand der Philister geben» (1. Samuel 28,19).

Das erste Buch Samuel endet mit Sauls Tod. Er und seine Söhne nehmen sich das Leben, um den Feinden zu entgehen. In dieser historischen Bibelstelle zeigen sich die Toten in der Form, wie sie zu Lebzeiten bekannt waren, ein durchaus gängiges Motiv heutiger Erscheinungen. Dies sind nur einige Beispiele für die Erwähnung von Totenkontakten im Alten Testament; eine Vertiefung würde an dieser Stelle allerdings den Rahmen sprengen.

Tod und Auferstehung Jesu Christi

Die wohl eindrücklichste und bekannteste Nachtod-Erscheinung der Weltgeschichte ist das Sterben und die Auferstehung von Jesus Christus im Neuen Testament. Sein Tod am Kreuz kann als Erkenntnis der Einheit mit GOTT verstanden werden und als Aufhebung aller Trennung. Das Geschehen am Kreuz entspricht der letzten Wahrheit des menschlichen Sterbeprozesses, wonach durch die Liebe, die im Angesicht des Todes erfahren wird, der Sterbende begreift, dass er eigentlich immer geborgen ist: Das Leben wird im Sterben Licht. Wer im Vertrauen auf GOTT stirbt, wird seinen Tod akzeptieren und sich vollenden können.

Die Einheit mit GOTT, die Jesus durch seinen Tod am Kreuz demonstrierte, korrespondiert mit dem unmittelbaren Erleben des Menschen beim Sterben. Der Vorhang zum größeren geistigen Eingebundensein öffnet sich. Durch die Bewusstseinserweiterung erlebt der Sterbende eine kaum fassbare Gleichzeitigkeit. Raum und Zeit sind wie alle Begrenzungen und Trennungen aufgehoben. GOTT offenbart sich als das wahre Licht der Welt und des Jenseits, da er die reine Kraft der Liebe ist. Die unterschiedlichen Nachtod-Phänomene nach der Auferstehung Jesu erschließen sich durch den Vergleich der vier Evangelien.

Im Matthäus-Evangelium ist von den beiden Frauen Maria von Magdala und «der anderen Maria» die Rede. Sie wollen das Grab von Jesus besuchen, um ihn zu salben, wissen aber nicht, wie sie den Stein vor der Grabstätte zur Seite schieben können. Als sie am Grab angekommen sind, sehen sie einen Engel, der vom Himmel herabkommt und den Stein wegwälzt. «Seine Gestalt war wie der Blitz, und sein Gewand weiß wie Schnee» (Matthäus 28,3). Das mag eine Anspielung sein auf den Lichtengel, durch den wir alle einst beim Sterben hindurchgehen werden. Dieser verkündet den verängstigten Frauen die Auferstehung Jesu Christi. Sie wollen den anderen Jüngern davon berichten und verlassen das Grab. Auf ihrem Weg dorthin erscheint ihnen Jesus:

«Und siehe, da begegnete ihnen Jesus und sprach: Seid gegrüßt! Und sie traten zu ihm und umfassten seine Füße und fielen vor ihm nieder.

Da sprach Jesus zu ihnen: Fürchtet euch nicht! Geht hin und verkündet es meinen Brüdern, dass sie nach Galiläa gehen: Dort werden sie mich sehen» (Matthäus 28,9–10).

Der verstorbene Jesus hat sich den Frauen in körperlicher Gestalt offenbart. Es kommt zu Berührungen: Die Frauen umfassen seine Füße. Derartige konkrete taktile Kontakte mit Verstorbenen werden auch heute erlebt.

Markus spricht vom Unglauben der Jünger an die Auferstehung Jesu Christi. Der Evangelist berichtet, dass «er sich in anderer Gestalt zweien von ihnen unterwegs» offenbarte (Markus 16,12). Mit dieser «anderen Gestalt» ist offenbar der Geistleib gemeint. Diese Textstelle lässt sich durchaus als gefühlte Gegenwart des Christus interpretieren, ein Phänomen, das in den zeitgenössischen Nachtod-Kontakten am häufigsten geschildert wird.

Im Lukas-Evangelium wird berichtet: «Und es geschah, als sie so redeten und sich miteinander besprachen, da nahte sich Jesus selbst und ging mit ihnen. Aber ihre Augen wurden gehalten, dass sie ihn nicht erkannten» (Lukas 24,15–16).

Der Blick auf die eigentlichen Geschehnisse wird den Aposteln durch ihren Unglauben verstellt. Zweifel an sich selbst und an den tatsächlichen Möglichkeiten, Kontakte mit Verstorbenen zu haben, lassen bis heute viele Menschen ihr eigenes Erleben verleugnen.

Im Johannes-Evangelium kulminiert das Motiv des Unglaubens in der berühmten Erzählung vom ungläubigen Thomas. War Jesus acht Tage zuvor seinen Jüngern bei verschlossenen Türen aus dem Nichts heraus erschienen, «zeigte er ihnen die Hände und seine Seite. Da wurden die Jünger froh, dass sie den Herrn sahen» (Johannes 20,20). Sie dürfen ihn allerdings nicht berühren. Es ist der Tag der Auferstehung, und wenige Stunden vorher hatte Jesus zu Maria von Magdala gesagt: «Rühre mich nicht an! Denn ich bin noch nicht aufgefahren zum Vater» (Johannes 20,17). Diese Textstelle deutet an, dass sich Jesus noch in einer vergeistigten Form den Jüngern präsentiert. Er zeigt die Wundmale, aber sie dürfen ihn nicht berühren, da er seinen Übergang ins Licht, zum Vater, noch nicht endgültig vollzogen hat.

Acht Tage später erscheint Jesus wiederum den Jüngern, diesmal im Beisein Thomas', der vorher gesagt hatte: «Wenn ich nicht an seinen Händen die Nägelmale sehe und meinen Finger in seine Seite lege, kann ich's nicht glauben» (Johannes 20,25).

Dieses Zitat kann als symbolische Vorwegnahme des Unglaubens an ein Leben nach dem Tod durch die gesamte Menschheitsgeschichte gelesen werden. Besonders in unserer vom rationalen Denken geprägten Zeit maßen wir uns an, nur die Dinge für real zu halten, die wir konkret wiegen, messen und anfassen können. Es sind aber geistige Geschehnisse, die hinter dem oberflächlichen Alltagsleben verborgen sind, welche die eigentliche Ursache für die Ereignisse unseres Lebens darstellen. Der Mensch ist ein Geschöpf Gottes, und daher haben unsere Gedanken Schöpferkraft. Sie sind die eigentliche Ursache allen Geschehens: «Im Anfang war das Wort, und das Wort war bei Gott, und Gott war das Wort» (Johannes 1,1) – also der reine Gedanke.

Jesus spricht den Thomas an und sagt: «Reiche deinen Finger her und sieh meine Hände und reiche deine Hand her und lege sie in meine Seite, und sei nicht ungläubig, sondern gläubig!

Thomas antwortete und sprach zu ihm: Mein Herr und mein Gott!

Spricht Jesus zu ihm: Weil du mich gesehen hast, darum glaubst du. Selig sind, die nicht sehen und doch glauben!» (Johannes 20,27–29).

Das Johannes-Evangelium ist ein zutiefst esoterischer Text, der Einsichten in geistige Gesetzmäßigkeiten vermittelt. Dieser Bibeltext gibt aber in seiner Gesamtheit auch konkrete Hinweise auf das unmittelbare nachtodliche Geschehen.

Wie wir heute aus zahlreichen Quellen wissen, ist Jesus unmittelbar nach seinem Tod bis zu seiner Auferstehung in die Unterwelt hinabgestiegen, um das Heilsgeschehen auch den verlorenen Seelen weiterzugeben und die Hölle zu öffnen. Dann erscheint Jesus zunächst im Geistleib. Er befindet sich noch in einer sehr erdnahen Sphäre und offenbart sich den Frauen und den Jüngern. Bemerkenswert ist, dass sie ihn nicht berühren dürfen, da er «noch nicht aufgefahren zum Vater» ist. Kundgaben von Verstorbenen sind sehr häufig im Augenblick des Todes und in den ersten Tagen danach. Sie befinden sich dann noch im erdnahen Bereich und versuchen, sich den Angehörigen mitzuteilen.

Jesus erscheint seinen Jüngern abermals acht Tage später. In dieser Zeitspanne nach der Auferstehung hat eine Wandlung stattgefunden: Er materialisiert sich, und Thomas darf die Wundmale berühren. In der Zwischenzeit, über welche die Bibel wenig berichtet («… noch viele andere Zeichen tat Jesus vor seinen Jüngern, die nicht geschrieben sind in diesem Buch» [Johannes 20,30]), hat also eine erhebliche nachtodliche Weiterentwicklung stattgefunden. Jesus wird durch den Tunnel ins Licht gegangen sein, das heißt, er ist heimgekehrt zum Vater. Dadurch verfügt er nun über seine vollständigen geistigen Fähigkeiten, nachdem er alles Menschliche abgestreift hat. Nun kann er sich auch körperlich materialisieren. Vermutlich ist das genau jener nachtodliche Entwicklungsprozess, der mit den drei Tagen nach dem Tod assoziiert wird, in denen die Seele endgültig vom Körper Abschied nimmt.

Die Berichte über konkrete *körperliche* Erscheinungen und Berührungen treten zeitlich gesehen nicht im unmittelbaren Umfeld des Todes auf, sondern erst Wochen später. Und das offenbar nur bei den Verstorbenen, die sich schon zu Lebzeiten geistig geschult haben. Das erklärt, warum dieses Phänomen nicht so häufig anzutreffen ist.

Die Auferstehung Jesu und seine Manifestationen zeigen, dass die Welt des Jenseits nicht wirklich vom Diesseits getrennt ist. Nach seinem Tod wird auch in der Apostelgeschichte über Erscheinungen von Jesus berichtet. Eine der bekanntesten Erzählungen ist die Bekehrung des Saulus zum Paulus. Dieser wird zunächst als ein Mensch geschildert, der die Christen hasste und verfolgte. Auf dem Weg nach Damaskus «umleuchtet ihn plötzlich ein Licht vom Himmel, und er fiel auf die Erde und hörte eine Stimme, die sprach zu ihm: Saul, was verfolgst du mich? Er aber sprach: Herr, wer bist du? Er sprach: Ich bin Jesus, den du verfolgst» (Apostelgeschichte 9,3–5).

Dieses Mal erscheint Jesus als Licht, von dem Saulus tagelang geblendet ist. Derartige Lichtphänomene finden wir auch in heutigen Erzählungen. Vierzehn Jahre später schreibt der gewandelte Paulus im zweiten Korintherbrief von seiner außerkörperlichen Erfahrung während der Erscheinung Jesu:

«Ich kenne einen Menschen in Christus; vor 14 Jahren – ist er im Leib gewesen? Ich weiß es auch nicht; Gott weiß es –, da wurde derselbe entrückt, bis in den dritten Himmel.

Und ich kenne denselben Menschen – ob er im Leib oder außer dem Leib gewesen ist, weiß ich nicht; Gott weiß es –, der wurde entrückt in das Paradies und hörte unaussprechliche Worte, die kein Mensch sagen kann» (2. Korintherbrief 12,2–4).

Derartige Beschreibungen finden wir heute in den außerkörperlichen Erfahrungen und im Traumerleben vieler Menschen, die mitunter in die Sphären der geistigen Welt erhoben werden.

Nachtod-Kontakte vom Mittelalter bis in die Moderne

In den Folgejahren, vom frühen Mittelalter an durch alle Jahrhunderte hindurch, wurden Begegnungen mit Verstorbenen in unzähligen Dokumenten festgehalten.

Die Kirche ging indes früh dazu über, Erscheinungen religiöser Figuren oder Verstorbener als Privatoffenbarungen abzutun, wodurch die Bibel als abgeschlossene Offenbarung Gottes gilt. Eine solche Deutung kann hier im Einzelnen nicht analysiert werden.

Ein sehr genauer früher Erfahrungsbericht stammt von keinem Geringeren als dem weltberühmten Schriftsteller Daniel Defoe (1660–1731). Er erklärte: «Diese Begebenheit hat mich sehr stark berührt, und ich bin durchaus einverstanden damit, da ich mich auf dem festen Boden der Tatsachen bewege. Und dass wir Tatsachen ableugnen sollten, weil wir Dinge nicht entschlüsseln können, für die wir keine sicheren oder bekannten Erklärungen haben, erscheint mir sonderbar ...»[15]

Defoe erzählt von Mrs. Bargrave, die im englischen Canterbury lebte. Vorher hatte sie im 25 Kilometer entfernten Dover gewohnt, wo sie enge Freundschaft mit einer Mrs. Veal geschlossen hatte. Am Mittag des 8. September 1705, als die Uhr gerade zwölf schlug, stand Mrs. Veal in Reitkleidung vor Mrs. Bargraves Tür. Sie wollte sie mit einem Kuss begrüßen, doch «Mrs. Veal hob die Hand vor ihr Gesicht, sagte, sie fühle sich nicht wohl, und wehrte so die Geste ab». Die beiden Damen plauderten eine Zeit lang miteinander, und Mrs. Veal erinnerte Mrs. Bargrave an die Bücher, die sie miteinander gelesen hatten, insbesondere Drelincourts «Book of Death», das ihr, wie sie sagte, großen Trost gespendet hatte. «Dann sagte sie, sie würde sie nicht verlassen und ging. Mrs. Bargrave sah ihr nach, bis sie um eine Straßenbiegung verschwand ...» Defoe berichtet weiter, dass Mrs. Veal am Mittag des 7. September gestorben war – exakt 24 Stunden bevor sie vor Mrs. Bargraves Tür erschien.[16]

Die Vorstellung von der Wiederkehr der Toten ist eng mit dem Gedanken an die geistige Unsterblichkeit des Menschen verknüpft. Die kritische Erforschung derartiger Phänomene setzte erst Ende des 19. Jahrhunderts in London ein, als sich verschiedene Wissenschaftler zur «Society of Psychical Research» (SPR) zusammenschlossen. Bedeutende damalige Gelehrte, wie Frederic Myers, Edmund Gurney oder Professor Henry Sidgwick, richteten verschiedene Untersuchungsausschüsse ein. Dabei sollten übersinnliche Phänomene gesammelt, erforscht und ausgewertet werden. Neben den Berichten von Medien über ihre Kontakte mit Verstorbenen, Telepathie, Spuk oder Besessenheit begann die SPR Fälle von spontanen Kontakten mit Verstorbenen zu sammeln. 1886 erschien die inzwischen berühmt gewordene Studie «Phantasms of the Living» («Geistererscheinungen bei Lebenden»), die bis heute als ein Meilenstein der parapsychologischen Forschung gilt. Demnach erleben sehr viele Menschen Krisenerscheinungen beziehungsweise Nachtod-Kontakte. Kurz vor oder nach dem Tod eines Menschen wurde dessen sichtbare Gestalt von befreundeten oder verwandten Personen gesehen, die entweder in einem anderen Land oder in einer anderen Stadt lebten. In manchen Fällen wusste der Zeuge nicht, dass der Verstorbene lebensgefährlich krank war, oder aber die auftretenden Phänomene wurden von mehreren gleichzeitig erlebt. Hier ein typisches Beispiel aus dieser Fallsammlung:

«‹Eines Abends saß ich und las, und als ich von meinem Buch aufblickte, sah ich deutlich eine Schulfreundin von mir, an der ich sehr hing, neben der Türe stehen. Ich hätte wegen der Seltsamkeit ihres Besuches beinahe aufgeschrien, als zu meinem Entsetzen keine Spur irgendeines Menschen im Raum war außer meiner Mutter. Ich erzählte ihr, was ich gesehen hatte, und wusste, dass sie es nicht gesehen haben konnte, weil sie mit dem Rücken zur Tür saß. Sie hatte auch nichts Ungewöhnliches gehört und amüsierte sich über meinen Schrecken und meinte, ich hätte wohl zu viel gelesen oder geträumt.

Ungefähr einen Tag nach diesem seltsamen Ereignis erhielt ich die Nachricht, dass meine Freundin gestorben sei. Das Merkwürdige war, dass ich nicht einmal wusste, dass sie krank war oder gar in Gefahr schwebte, und daher konnte ich damals nicht in Sorge um sie gewesen sein, obwohl ich vielleicht an sie dachte, aber das kann ich nicht bezeugen. Ihre Krankheit war kurz, und ihr Tod kam ganz unerwartet. Ihre Mutter sagte mir, dass sie kurz vor ihrem Tod von mir gesprochen hatte … Sie starb an demselben Abend ungefähr zu der Zeit, als ich die Vision von ihr hatte, und das war Ende Oktober 1874.›»[17]

Die unterschiedliche Auslegung über die Bedeutung derartiger Fälle führte in der SPR bald zu erheblichen Meinungsverschiedenheiten unter den Forschern. Frederic Myers war der Ansicht, dass sich das Bewusstsein im Tod vom Körper des Sterbenden löse und sich dann an entfernten Orten manifestieren könne. Edmund Gurney wiederum interpretierte die Fälle als telepathische Botschaften des Sterbenden, die sie in Form wirklichkeitsgetreuer Halluzinationen nach außen projizierten.

Schon bald erschienen kritische Berichte in der englischen Presse über die Arbeit der SPR. Die Forscher prüften daraufhin die Spontanfälle erneut und veröffentlichten 1894 einen noch besser dokumentierten Band. Im frühen 20. Jahrhundert wurde der Begriff «übersinnliche Forschung» («psychical research») abgelöst durch den Terminus «Parapsychologie». In jedem Fall besteht die SPR bis heute fort.

Erlebnisse während der Weltkriege

Gerade in Kriegs- oder Katastrophenzeiten häufen sich Berichte über den Kontakt mit Verstorbenen. Wenn zahllose, meist junge Menschen im Krieg gleichzeitig zu Tausenden in die andere Welt hinüberkatapultiert werden, wird dadurch eine schier unglaubliche seelische Energie freigesetzt, die sich entsprechend bei den Angehörigen kundtut oder manifestiert. Wie oft haben wir gehört, dass zu Hause plötzlich das Bild eines an der Front kämpfenden Vaters, Bruders oder Sohnes von der Wand gefallen ist, ohne dass der Haken herausgerissen wurde.

Die Ankündigung des Todes erfolgt auch als Erscheinung, in Form von Wahr- oder Warnträumen, durch Stimmen, Rufe oder Klopfgeräusche. Besonders häufig bleiben Uhren aus unerfindlichen Gründen zum Todeszeitpunkt stehen. Wenn wir uns heute mit älteren Menschen, welche die Kriegszeiten bewusst miterlebt haben, unterhalten, so stoßen wir auf zahlreiche Berichte, in denen sich Verstorbene im Augenblick ihres Todes bei ihren Angehörigen gezeigt oder gemeldet haben.

Christine schrieb mir: «Der Bruder meines Vaters ist im Krieg gestorben. Seine Eltern schliefen gegen vier Uhr morgens, zur Sterbestunde, im zweiten Stock ihres Hauses. Plötzlich gab es einen lauten Knall von außen an die Schlafzimmer-Fensterscheibe. Zwei Tage später kam das Telegramm, welches mitteilte, dass der Sohn gegen vier Uhr bei einem Bombenangriff ums Leben gekommen war.»

Eine 84-jährige Frau erzählte mir kürzlich in einem Seminar: «Ich werde diesen Tag nie vergessen. Im Mai 1943 fiel mein Bruder an der Front in Russland. Wir wussten dies zu dem Zeitpunkt der Ereignisse natürlich noch nicht. An dem Tag seines Todes klopfte es laut und vernehmlich an der Tür. Als ich die Tür öffnete, stand mein Bruder davor. Er sah mich einfach an. Dann drehte er sich wortlos um und verschwand im Nebel. Wenig später traf ein Telegramm ein, das uns über seinen Tod unterrichtete.»

Während des Ersten und Zweiten Weltkrieges haben sich Millionen von Männern, die an den Fronten ums Leben kamen, auf vielfältige Weise kundgetan.

Es gibt zahllose Dokumente von Müttern, die ihren Sohn im Moment seines Todes auf dem Schlachtfeld gesehen haben. Der Todesschock bewirkt eine telepathische Kommunikation zwischen Mutter und Sohn. Interessanterweise wird dabei weniger das Bild des Sterbenden wahrgenommen, sondern der Betroffene wird als ganz und heil gesehen. Er erscheint, wie er zu Lebzeiten aussah.

Das Kennzeichen dieser so genannten Krisenerscheinungen ist, dass sie sich exakt zum Todeszeitpunkt ereignen und dass der Tod plötzlich eintritt. Die unterschiedlichen Phänomene belegen, dass die Persönlichkeit des Menschen nach dem Tod intakt und aktiv bleibt. Aus den Dokumenten der beiden Weltkriege kann man außerdem den Schluss ziehen, dass zahllose Verstorbene sich um die Lebenden sorgen. Hierbei zeigt sich auch, dass die Verstorbenen über ein erweitertes Wissen verfügen, wenn es sich um herannahende Gefahren handelt.

«Gegen Kriegsende war der Vater einer Dame fahnenflüchtig geworden. Er wurde vor ein Kriegsgericht gestellt, zum Tode verurteilt und hingerichtet. Nachher erschien er der Dame öfter in Soldatenuniform, heiter und mit glänzenden Augen. ‹Am 16. März 1945 gab es bald nach neunzehn Uhr in Würzburg Fliegeralarm. Ich selbst ging nie in den Keller und wollte es auch diesmal nicht tun. Plötzlich spürte ich einen starken Luftzug, und mein Vater stand neben mir. Ganz energisch sagte er: ‹Mache dich schnell fertig, es wird heute schlimm!› – Ich zog mich rasch an, musste aber noch einer kranken Dame helfen, und dadurch vergingen etwa acht Minuten. Da stand er wieder vor mir, stieß mich an den linken Arm und trieb zur Eile an mit den Worten: ‹Schnell, bald ist es zu spät!› – Im Keller angelangt, fielen schon die ersten Bomben, und in sechzehn Minuten war Würzburg zu neunzig Prozent zerstört.»[18]

Hier ein weiterer Fall vom Einwirken Verstorbener in gefährlichen Situationen: «Ein Soldat des Zweiten Weltkrieges begibt sich todmüde in sein Quartier (ein kleines Häuschen) und fällt sofort in tiefsten Schlaf. Plötzlich schreckt er empor unter dem Ruf: ‹Auf, Auf!› – Natürlich hat kein Kamerad gerufen, und kein physischer Ruf ist erschallt. Die Gewalt des Anrufes, den er im Schlaf vernommen, ist aber so zwingend, dass er, ohne sich zu besinnen, den Raum nicht durch die Tür und über die Treppe verlässt, sondern zu seinem nachträglichen Erstaunen zum Fenster hinausspringt. Unmittelbar darauf zerstört ein Volltreffer das Haus.»[19]

Bei allen Nachtod-Kontakten bis in die Gegenwart zeigt sich, dass Verstorbene im außerkörperlichen Zustand keineswegs über ein höheres geistiges Wissen verfügen. Sie haben allerdings einen unbestreitbaren Einblick in unsere direkten Lebensverhältnisse. Dieses Vorherwissen über eine direkte Gefahr ist für viele Menschen nur schwer fassbar. Es stellt sich die Frage, wie der Einschlag einer Granate oder Bombe vorhergesagt werden kann, wenn diese noch gar nicht abgefeuert wurde.

Die einzig logische Erklärung dafür ist, dass in der geistigen Welt alles gleichzeitig abläuft, da Raum und Zeit im irdischen Sinne aufgehoben sind. Dann kann ein Verstorbener eine drohende Gefahr bei einem Angehörigen oder Freund voraussehen, sofern er seine Aufmerksamkeit auf einen bestimmten Menschen richtet. Diese gehäuft auftretenden Phänomene belegen das Einwirken der Geisterwelt in unsere Realität. Jenseits der Schwelle befindet sich eine andere Welt, in der es kein Heute oder Morgen, keine Gegenwart, Vergangenheit oder Zukunft gibt. Damit gibt es auch nichts Unbekanntes oder Unerreichbares mehr.

Professor Franz Neuhold erzählt: «‹Im Sommer 1944 begannen Amerikaner und Engländer von ihren in Italien errichteten Luftstützpunkten aus, die Städte Südosteuropas mit Bomben zu belegen.› Tags zuvor war der Berichterstatter und sein Freundeskreis über ein Medium gewarnt worden, sich um die Mittagszeit des nächsten Tages in die Nähe des Bahnhofs zu begeben. ‹Die Warnung der geistigen Welt war nicht umsonst gewesen, wie es der Bombenangriff bewies.› – Die Gestapo erfuhr von dieser Warnung und vermutete in dem Medium eine Spionin. ‹Obwohl die arme Frau von der ganzen Sache gar nichts wusste, weil sie ja im Trancezustand gesprochen hatte, wurde sie von der Geheimpolizei verhaftet und interniert, weil diese Leute an eine geistige Welt, an den Verkehr mit Geistwesen und an eine Warnung aus dem Jenseits nicht glauben konnten.›»[20]

In der parapsychologischen Forschung gilt das «Sichanzeigen» Verstorbener als sehr bedeutsam. Eine sterbende Seele hat das Bedürfnis, sich Freunden oder Verwandten zu nähern und zu zeigen. Das betrifft vor allem den Augenblick des Todes oder kurz danach.

«Eine Mutter schildert die Begegnung mit ihrem an der Ostfront gefallenen Sohn: ‹Ein dreimaliges Glockenzeichen weckte mich gegen Mitternacht. Ich blickte zur Gartentür, aber niemand war da. Nach mehreren Stunden Schlafens ein deutliches dreimaliges Klopfen am Fenster. Ich ging in den Garten hinaus. Es war eine kalte, klare Nacht, und die Sterne funkelten am Himmel. Nach Osten gewandt, betete ich, Gott möge mein Kind nicht schon so jung sterben lassen. Dann schlief ich wieder ein und träumte: Eine weite Ebene, nichts als Himmel und Erde. Ich wollte mir klar werden, wo ich bin, am Meer oder doch auf der Erde. Dann spürte ich festen Boden und sah aus weiter Ferne einen Punkt. Er bewegte sich, war manchmal wie ein Stern, dann wieder dunkel. Langsam kam er näher. Auf einmal war ein Mensch zu erkennen, und schon lief mir mein Sohn mit lachendem Gesicht, die Arme ausgebreitet, in der einen Hand einen Kranz aus frischen Blumen, entgegen. In diesem Augenblick erwachte ich, unsagbare Freude und unermesslichen Schreck zugleich empfindend. Wochen später erhielt ich die offizielle Nachricht vom Tod meines Sohnes zwischen dem 16. und 17. Januar 1943.›»[21]

In diesem Beispiel ist der gefallene Sohn in seiner äußeren Erscheinung ganz und heil. Manchmal zeigen Sterbende aber auch ihre Verwundungen, das heißt, sie erscheinen in der realen Umgebung ihres Todes und vermitteln den Angehörigen, woran und wodurch sie ums Leben gekommen sind. Solche Übermittlungen werden von den Empfängern als verstörend und negativ gesehen. Sie sind allerdings nichts so häufig, aber das Vorhandensein derartiger Erfahrungen ist gut dokumentiert. Die Angehörigen sehen in derartigen negativen Krisenerscheinungen den Verstorbenen, wie er in dem spezifischen Augenblick seines Todes tatsächlich aussieht. Sie sehen also beispielsweise einen verstümmelten, schwer verwundeten Sohn im Schützengraben oder im Kriegsgeschehen.

«Eine Mutter berichtete einen Traum: ‹Ich war mit meinem jüngeren Sohn, der auch im Felde stand, an einem mir fremden Ort am Bahnhof. Auf einmal sah ich ihn in einem Waggon. Ich stand draußen. Mein Sohn hielt eine kleine, weiße Porzellanschüssel in der Hand. Nun wandte er sein Gesicht mir zu, wobei ich zu meinem größten Schrecken unter dem linken Auge eine Schusswunde sah. Das Blut troff aus seiner Wunde in die Schüssel. Todtraurig sah er mich an, ohne ein Wort sprechen zu können. – Nun stand ich neben ihm, da setzte sich der Zug in Bewegung. Ich rief ihn an: «Du fährst ja in die entgegengesetzte Richtung!» – während ich selbst das Gefühl hatte, dass ich in die andere Richtung fahre. Nach dem Erwachen wusste ich, dass ich mein Kind verloren hatte. Später kam die offizielle Nachricht mit den Einzelheiten der Verwundung, wie ich sie geträumt hatte.›»[22]

Das Gemetzel des Ersten Weltkrieges brachte ähnliche Fälle hervor: «Eine Frau, die in der Küche arbeitete, hörte Schritte im Flur. Als sie nachsah, erblickte sie ihren Bruder, den sie im Schützengraben wähnte. Er taumelte, war dreckverschmiert, das Gesicht kreidebleich, wie unter Schock. ‹Mach mir eine Tasse Tee, Maude›, murmelte er. Seine Schwester eilte in die Küche, um Tee zu kochen. Als sie zurückkam, war ihr Bruder verschwunden. Später kam die Nachricht, er sei ‹im Kampf gefallen› – zu der Zeit, als er ihr erschien.»[23]

Bei Negativ- oder Schreckbildern lässt sich ein derart drastisches Erleben wohl kaum als Wunschfantasie abtun, denn dann hätte der Bruder Maudes lebend zurückkommen müssen.

Neue Entwicklungen

Durch die Entstehung der Soziologie nahm die Erforschung der Kontakte mit Verstorbenen als kulturelles Phänomen zu. Sozialwissenschaftler befassten sich mit demographischen Fragen: Ist der Kontakt mit Verstorbenen häufig oder eher selten? Hat das kulturelle Milieu einen Einfluss auf die Erfahrungen?

Immer mehr Psychologen wurden in der Trauerberatung mit Nachtod-Erfahrungen konfrontiert. 1958 wies der britische Therapeut Peter Morris in seinem Buch «Widows and their families» erstmals auf die Häufigkeit hin. 1969 erschien eine japanische Studie zu dem Thema: 90 Prozent aller interviewten Witwen gaben an, dass sie mit ihren verstorbenen Gatten Kontakt hatten. Keine empfand die Erfahrung als erschreckend oder bedrohlich.[24]

Die japanischen Forscher glaubten, dass dieses Ergebnis aufgrund des starken Glaubens an eine Weiterexistenz nach dem Tod zustande gekommen war. Es zeigte sich aber, dass Nachtod-Kontakte ein Bestandteil des Trauerprozesses sind und überall auf der Welt, unabhängig von Kultur und Religion, auftreten.

Der englische Psychiater Dr. Dewi Rees veröffentlichte 1971 eine Studie der Kontaktaufnahme mit Verstorbenen während der Trauer. Dazu führte er Gespräche mit 293 Witwen und Witwern, und weit über die Hälfte der Befragten berichtete über Nachtod-Kontakte. Demnach erleben Männer nicht weniger häufig als Frauen derartige Kontakte. Rees kam zu folgenden Feststellungen:

- Grundsätzlich ereignen sich die Phänomene nicht nur in den ersten Monaten nach dem Ableben, sondern während des ersten Jahrzehnts. Es gab aber auch Befragte, die noch nach über zwanzig oder mehr Jahren Nachtod-Kontakte erlebten.
- Jugendliche berichten weniger häufig über Nachtod-Kontakte als Menschen in mittleren Jahren.
- Rees vertrat den Standpunkt, dass das Erleben von Nachtod-Kontakten nicht pathologisch ist, sondern dass sie für Trauernde psychologisch hilfreich sind.
- Nachtod-Kontakte sind nach dem Tod eines Angehörigen häufig und erfolgen unabhängig von Geschlecht, Rasse, religiösem Glauben oder Wohnort.

Nachtod-Kontakte werden in zahlreichen Büchern über Trauer und Trauerprozesse erwähnt. Bis heute bieten viele Spezialisten für Trauerbegleitung allerdings nur rein psychologische Deutungen an: Die Erfahrung beruhe auf dem Verlangen nach Wiedervereinigung mit dem Verstorbenen. Insofern gelten die auftretenden Phänomene als Halluzinationen oder Wunschdenken. Wer sich allerdings unvoreingenommen mit derartigen Fällen beschäftigt, wird zwangsläufig zu dem Schluss kommen, dass ein erheblicher Teil der Berichte echte Kontakte mit verstorbenen Freunden oder Angehörigen darstellen. Dazu eine sehr bemerkenswerte Episode aus einer Erhebung von Julian Burton aus dem Jahre 1980:

«‹Ich erfuhr von ihrem Tod, als ich von der Schule nach Hause kam. Ich musste jedoch schleunigst fort zu meinem Religionsunterricht. Ich ging in mein Zimmer hinauf, um mein

Buch zu holen, und während ich die Hand danach ausstreckte, hielt ich inne und drehte mich langsam um. Auf dem zweiten Bett saß eine leicht durchsichtige Frau mit im Schoß gefalteten Händen. Sie saß nur da und lächelte mir zu. Ich hatte sie nicht mehr gesehen, seit ich sechs Monate alt war, aber irgendwie wusste ich, dass es meine eben verstorbene Großtante war. Wir hatten Jahre hindurch Briefe gewechselt, und ich korrespondiere immer noch mit ihrer Schwester, mit der sie lebte. Ich begriff, was geschah, aber ich fürchtete mich nicht, weil ich fast überwältigt war von einem innigen Gefühl von Liebe. An dieser Erfahrung war überhaupt nichts Bedrohliches oder Bestürzendes. Ich stand ganz still und begann bewusst, mir Einzelheiten einzuprägen, wie sie aussah, welches Kleid sie trug und so fort. Als sie verschwunden war, ging ich hinunter und erzählte meiner Mutter und Schwester, was geschehen war. Wenn ich je Angst vor dem Tod hatte, habe ich jetzt keine mehr. Ich glaube fest an eine Art Leben nach dem Tod. Ich bin nicht sicher, ob ein anderes Familienmitglied darüber gesprochen hätte, wenn es eine solche Erfahrung gemacht hätte.‹»[25]

Burton gelangte zu der Ansicht, dass die Ergebnisse seiner Arbeit für die Praxis der Parapsychologie und Trauerbewältigung von großer Bedeutung sind. Er fand heraus, dass Trauernde selten von derartigen Erlebnissen berichten, da viele Therapeuten dazu neigen, die Vorfälle rein psychologisch zu deuten und sich weigern, die Erlebniswirklichkeit ihrer Patienten als real gelten zu lassen.

Wenn wir uns jedoch den sich stets wiederholenden Berichten öffnen, wird sich eine größere Akzeptanz den Phänomenen gegenüber einstellen. Das ist besonders wichtig für Psychologen und Trauerberater. Ein Therapeut, der reale Erlebnisse eines Patienten nicht akzeptieren kann, weil sie nicht in sein Weltbild passen, kann auch keinen wirklichen Therapieerfolg erzielen. Der Trauerprozess ist dann gelungen, wenn der Verstorbene als Teil der eigenen Innenwelt integriert werden kann. Dafür sind die Erfahrungen mit den Verstorbenen ein wesentlicher Faktor, da sie dazu führen, den Tod eines Angehörigen annehmen zu können. Vor allem spenden die Erlebnisse Mut, Trost und Hoffnung.

Die australische Soziologieprofessorin Cherie Sutherland veröffentlichte 1997 ihre bedeutende Studie «Tröstliche Begegnungen mit verstorbenen Kindern». Sie beschäftigte sich jahrelang mit dem Phänomen der Nachtod-Kontakte und konnte zahlreiche Eltern dazu bewegen, von ihren Erlebnissen zu erzählen. Die Autorin kommt in ihrer Untersuchung zu dem Schluss, dass die Schilderungen sehr real klingen und dass es ein Leben nach dem Tod gibt. Wir werden uns im Folgenden noch näher mit ihren Ergebnissen befassen. Etwa zeitgleich veröffentlichte das amerikanische Ehepaar Bill und Judy Guggenheim das Buch «Trost aus dem Jenseits». Im Rahmen ihrer Forschungsarbeit befragten die beiden über einen Zeitraum von sieben Jahren hinweg zweitausend Menschen zu deren Nachtod-Kontakten. Sie stellten dabei erstmals die Vielfalt und die Häufigkeit der auftretenden Begegnungen mit Verstorbenen fest.

Wie sich in diesem kurzen historischen Überblick gezeigt hat, sind Nachtod-Phänomene stets gut dokumentiert worden. Nun müssen wir lernen, diese Erlebnisse als Teil des Wissens über die Unsterblichkeit des Menschen in unser Alltagsleben zu integrieren. Dazu ist es notwendig, die auftretenden Phänomene in ihrer Vielfalt ernst zu nehmen und sie als reale Ereignisse anzusehen. Dann erst werden wir die Bedeutung von Nachtod-Kontakten für unser Leben verstehen können.

2. Teil: Die verschiedenen Formen von Nachtod-Kontakten, ihre Bedeutung und Dokumentation

Das Mitsterben von Angehörigen (empathische Todeserlebnisse)

Eines der faszinierendsten Erlebnisse, das in den letzten Jahren zunehmend geschildert wird, ist das so genannte Mitsterben von Angehörigen: Angehörige erleben den Übergang eines geliebten Menschen zeitgleich im außerkörperlichen Zustand. Sie befinden sich außerhalb des Körpers und begleiten den Verstorbenen wie bei einer Nahtod-Erfahrung auf seinen ersten Schritten in die geistige Welt. Die Sterbeforschung bezeichnet derartige Erlebnisse als empathische Todeserlebnisse, die im Folgenden dokumentiert werden sollen.

Zeugnisse

Die geburtenstarken Jahrgänge der 1950er und 1960er Jahre werden im Augenblick verstärkt mit dem Sterben ihrer Eltern oder älteren Verwandten konfrontiert. Diese Generation ist offener für Spiritualität und Fragen nach einem Leben nach dem Tod. Sie hat die Ergebnisse und Schlussfolgerungen der

Sterbeforschung der letzten Jahrzehnte bewusst als Zeitzeuge erlebt.

Eine Frau schrieb mir: «Meine Tante litt an Knochenkrebs und wusste, dass sie bald sterben würde. Wir verabschiedeten uns voneinander und waren sicher, dass wir uns in der anderen Welt wiedersehen werden. Am Tag ihres Todes war ich zu Hause in Osnabrück. Meine Mutter rief mich mittags an und sagte mir, dass es meiner Tante nicht so gut ginge. Das hatte ich bereits geahnt, da ich den ganzen Tag aufgewühlt und traurig gewesen war. Abends gegen Viertel nach sechs ging ich wie automatisiert in die Küche; ich befand mich in einer Art meditativem Zustand. Im Geiste war ich bei meiner Tante im Zimmer. Meine Oma, die schon früher verstorben war, war bei ihr. Sie wiegte meine Tante sanft in ihren Armen und wollte sie wohl abholen. Ich sah auch meinen lebenden Onkel an ihrem Sterbebett sitzen, der weinte und sehr traurig war. Meine Tante schlief dann friedlich ein. Die Szene verblasste, und ich kam in der Küche wieder zu mir. Es war halb sieben. Eine Stunde später rief meine Mutter an, um mir mitzuteilen, dass meine Tante vor einer Stunde friedlich im Beisein meines Onkels eingeschlafen sei.»

Beim Mitsterben begleiten Angehörige oder Freunde den Sterbenden in die andere Welt. Die Hospizärztin Pamela Kirchner klassifizierte diese Erfahrung als «gemeinsame Nahtod-Erfahrung».

Eine Frau berichtete mir in einem Seminar: «Mein Vater lag seit längerer Zeit im Sterben. Ich habe sehr viele Tage hintereinander an seinem Bett verbracht und dachte jeden Tag, dass er heute sterben würde. Aber mein Vater starb nicht. Irgendwann war ich völlig erschöpft, und die Krankenschwester forderte mich auf, nach Hause zu fahren. Ich legte mich sofort ins Bett und fiel in einen traumlosen Schlaf.

Ich erwachte erst gegen zehn. Aber etwas war anders: Ich hatte meinen Körper verlassen und sah auf mich herunter. Das irritierte mich zunächst, doch dann bemerkte ich die Anwesenheit meines Vaters im Raum. Er lächelte, kam auf mich zu, und wir umarmten uns. Ich sah den Tunnel, auf den er zuschwebte. Er nahm meine Hand, und gemeinsam durchquerten wir den Tunnel. Das riesige Licht, das uns wärmte, ergriff mich. Das werde ich nie vergessen – diese außergewöhnliche Liebe! Mein Vater drehte sich noch einmal um und winkte. Freudig ging er ins Licht ein.

Plötzlich kam ich in meinem Körper wieder zu mir. Ich war verwirrt, ahnte aber, dass dieses Erlebnis wohl bedeutete, dass mein Vater gestorben ist. Wenig später klingelte das Telefon, und die Stationsschwester teilte mir mit, dass mein Vater kurz nach zehn verstorben sei. Mir dämmerte, dass ich ihn bei seinem Übergang begleitet hatte, obwohl ich gar nicht am Sterbeort anwesend war. Dieses Erlebnis werde ich nie vergessen, und ich weiß heute, dass ich den Tod nicht fürchten muss.»

Empathische Todeserlebnisse werden vor allem von Menschen erlebt, die durch eine tiefe Liebe miteinander verbunden sind. Der soeben Verstorbene erreicht das Bewusstsein des Angehörigen. Das führt dazu, dass der Erlebende, der sich keineswegs am Sterbeort aufhalten muss, durch ein intensives Miterleben des Sterbevorgangs eine Bewusstseinserweiterung erfährt und dabei sogar eine außerkörperliche Erfahrung machen kann. In diesem Zustand erlebt er den Übergang des geliebten Menschen mit.

Klaus machte eine außerkörperliche Erfahrung im Zusammenhang mit dem Tod seines älteren Bruders: «In jener Nacht befand ich mich im Traum im etwa vierhundert Kilometer entfernten Löbau in der Wohnung meines Bruders. Ich wollte ihn umarmen, wurde aber durch etwas zurückgehalten, sodass ich ihn nicht berühren konnte. Danach wurde mein Bruder vor meinem geistigen Auge entrückt und strebte einem ganz hellen Licht zu, das ich in der Ferne leuchten sah. Das war wie eine Himmelfahrt. Dieses Erlebnis werde ich mein ganzes Leben nicht vergessen.»

Louise schilderte eine ähnliche Erfahrung: Ihr Vater, der nach langem Kampf mit einer unheilbaren Krebserkrankung gestorben war, befand sich im Kreise seiner Angehörigen. Louise, die sehr erleichtert war, dass er friedlich entschlafen konnte, nahm seine Hand. «In dem Augenblick spürte ich, wie er durch mich hindurchging», erzählte sie. «Seine Energie strömte aus seiner Hand in meine Hand, meinen Arm hinauf und wieder heraus. Ich versuchte, einen klaren Kopf zu behalten, doch dann sah ich, wie eine große, schlanke, blonde Frau vor mich trat. ‹Wie taktlos von dieser Frau, sich zwischen mich und meinen Papa zu drängen, gerade jetzt, wo er gestorben ist!›, dachte ich. ‹Wer ist sie?› Die Frau blieb einfach zwischen meinem Vater und mir stehen und starrte seinen Körper an. – ‹Oje! Das bin ja ich!›, erkannte ich schließlich. Ich konnte es nicht fassen, dass die Frau meine eigenen Züge trug. Dann hörte ich meinen Vater herzhaft lachen. Als ich mich umdrehte, sah ich ihn neben mir stehen, vollkommen verjüngt.

Er drückte mich mit einer freudigen, herzlichen und liebevollen Umarmung an sich, und im selben Augenblick strömten endlose Informationen von ihm zu mir rüber. Blitzartig erzählte er mir alles, was man über das Leben, die Liebe und den Tod wissen muss. Dann wurden wir von einem mächtigen Sog emporgezogen und fortgerissen, zu einem Durchgang, der in die Unendlichkeit zu führen schien. Wir flogen beide sanft, fast wie magnetisch angezogen, auf ein Licht zu, aus dem menschliche

Gestalten hervortraten. Ich konnte nicht jede dieser Erscheinungen erkennen, doch ich konnte meine Großeltern, Tanten und Onkel ausmachen. Aber Papa kannte sie offensichtlich alle, denn er eilte zu ihnen hinüber. Als er sich auf ihrer Seite befand, umringten sie ihn und begrüßten ihn in ihrem Kreis der Liebe.»

Als sich ihr Vater und die Erscheinungen in das Licht zurückzogen, schloss sich der Tunnel vom Rand her in einer kreisförmigen Bewegung, wie die Blende einer Kamera, und in dem Augenblick riss es Louise in ihren Körper zurück. «Ich hätte am liebsten vor Freude gejubelt, doch als ich mich in dem Krankenzimmer umschaute und die anderen trauern sah, wusste ich, dass das nicht geht.»

Empathische Todeserlebnisse können auch den Tod eines geliebten Angehörigen ankündigen:

«Drei Tage vor dem Tod meiner Mama habe ich darum gebetet, dass sie sterben kann. Sie lag seit drei Wochen auf der Intensivstation, und es war dort nur mehr eine Qual für sie und auch für uns.

In der Nacht vor ihrem Tod habe ich einen Traum gehabt, in dem sie auf einer Brücke stand und mich glücklich und zufrieden erwartete. Ich fragte sie, wie sie hierher komme, und sie antwortete mir, sie werde abgeholt. Ein älterer Mann näherte sich und war ganz begeistert, meine Mama und mich zu sehen. Er teilte mir mit, dass er meine Mutter seit drei Tagen suche und sie nicht finden könne. Ich hätte ihn darum gebeten, meine Mama abzuholen. Er nahm sie dann mit sich, und ich sah an der Brücke hinunter. Auf der Straße unter der Brücke gingen unzählige Menschen, große, kleine, verletzte, kranke, Kinder und Greise. Sie alle gingen in ein Licht, das so hell war, dass ich nur einen Augenblick hinsehen konnte. Doch die Menschen waren alle glücklich, trotz ihrer Verletzungen. Ich spürte einen milden Wind in meinem Gesicht, und als ich mich umdrehte, war meine Mutter fort.

An diesem Nachmittag versprach ich meiner Mutter, mich um meinen Vater zu kümmern und dass er nicht alleine bleiben würde. Ich habe meine Mutter losgelassen.»

Beim Mitsterben zeigen sich die typischen Merkmale einer Nahtod-Erfahrung: Die Betroffenen erleben eine außerkörperliche Erfahrung, sehen sich von oben, gehen durch den Tunnel ins Licht, haben Erscheinungen von anderen Verstorbenen. Manchmal erleben sie sogar die Lebensrückschau des Verstorbenen mit, den sie auf seinem Weg begleiten.

Eine ältere Frau berichtete mir nach einem Vortrag: «Mein Sohn starb mit siebenunddreißig Jahren nach einem Herzinfarkt. Ich saß einige Tage an seinem Bett, bis eine Krankenschwester mich nach Hause schickte. Ich fiel in einen tiefen Schlaf, bis ich mich plötzlich außerhalb meines Körpers befand. Ich sah eine Art Tunnel, auf den mein Sohn zuschwebte. Er drehte sich um und bedeutete mir, ihm zu folgen. Mein Sohn nahm meine Hand, und wir bewegten uns gemeinsam auf das warme Licht zu. Er vermittelte mir telepathisch, stehen zu bleiben. Er aber schwebte ins Licht und verschmolz damit. In diesem Augenblick sah ich seinen Lebensfilm vor ihm auftauchen. Ich war wie gebannt und sah in Sekundenbruchteilen sein ganzes Leben mit den Auswirkungen auf seine Mitmenschen vor ihm ablaufen. Ich verstand, dass seine Zeit gekommen war. Als ich in meinem Bett wieder zu mir kam, wusste ich, dass mein Junge soeben gestorben war. Kurz darauf erhielt ich die Todesnachricht.»

Eine andere Frau erzählte mir: «Viele Jahre wusste ich nicht, was ich von Nahtod-Erfahrungen und einem möglichen Leben nach dem Tod halten sollte. Erst als mein Vater starb und ich mich plötzlich außerhalb meines Körpers befand, also im Grunde das Mitsterben wie eine Nahtod-Erfahrung erlebte, fühlte ich mich so friedlich und frei wie nie zuvor. Die Liebe, die drüben pulsiert, hat mich davon überzeugt, dass wir unsterblich sind. Heute begleite ich gelegentlich Sterbende.»

Die steigende Anzahl derartiger Erfahrungen wird, wie das Wissen von den Todesnäheerlebnissen, langfristig zu einer Wandlung der Einstellung der Bevölkerung zum Tod führen. Durch das Mitsterben wird den Mitreisenden die Trennung erleichtert, was die Intensität der Trauer vermindert: Sie haben die persönliche Erfahrung des Sterbens gemacht und werden daher später ihren eigenen Tod weniger fürchten. Das vorübergehende Überschreiten der Todesschwelle bedingt positive Persönlichkeitsveränderungen sowie die Gewissheit, dass der Tod nur ein Übergang ist und es ein Leben nach dem Tod gibt.

Eine solche Erfahrung kann aufgrund ihres spontanen Auftretens auch verwirrend sein, wie das folgende Beispiel zeigt: «Als Professor der Inneren Medizin befand sich Dr. Ash in der misslichen Lage, seine eigene Mutter in ihrem Krankenhausbett wiederbeleben zu müssen. Während er verzweifelt versuchte, sie wiederzubeleben, hatte er das Gefühl, er steige aus seinem Körper auf und sehe zu, wie er ihren Körper bearbeitete. ‹Oje›, dachte er, ‹ich muss unter Schock stehen.› Als er sich umschaute, um sich zu orientieren, sah er seine Mutter neben sich stehen. ‹Sie war nicht derselbe Mensch wie der gebrechliche Körper, der da auf dem Bett lag›, erklärte er. ‹Sie war verjüngt, wieder blühend und gesund.› Dr. Ash und seine Mutter führten ein offenes Gespräch und verabschiedeten sich dann. ‹Ich sah, wie sie zu einem Tunnel zurückwich, aus dem ein helles, tröstliches Licht schien, und während sie dorthin entschwebte, kehrte ich automatisch in meinen Körper zurück.›»[26]

In diesem Bericht eines Arztes zeigt sich in aller Deutlichkeit, dass wir keineswegs unsere Körper sind, dass das äußere und innere Erleben des Sterbenden getrennt voneinander gesehen werden muss. Der Professor begreift den Tod seiner Mutter, aber oft braucht es eine gewisse Zeit, bis ein derartiges Erleben verarbeitet werden kann.

Zahlreiche Betroffene machen die Erfahrung des Mitsterbens im Schlaf oder während des Tagträumens. Nicht nur Erwachsene, sondern auch Kinder berichten von solchen Erfahrungen.

«Mein 5-jähriger Sohn Josef fing im Schlaf plötzlich an zu schreien. Ich lief in sein Zimmer und fand den Jungen im Halbschlaf. Seine Arme waren emporgestreckt. Er rief nach seinem Lieblingsonkel, dem es seit Wochen nach einem Herzanfall sehr schlecht ging. Als Josef erwachte, sagte er: ‹Onkel Michael ist gerade aus dem Bett gefallen. Da war ein Licht, und ich sah eine groß gewachsene, weißhaarige Frau. Michael rief immer: Mutter, Mutter!›.

Voll Sorge griff ich zum Telefon, um Michael anzurufen. Doch er nahm nicht ab. Am nächsten Tag rief meine Schwägerin an und erzählte, dass ihr Mann nachts tot aus dem Bett gefallen sei. Die Frau, die mein Sohn gesehen hatte, war unzweifelhaft die verstorbene Mutter von Onkel Michael.»

Wie in diesem Bericht geschildert wird, können bei empathischen Todeserlebnissen auch tragische Umstände empfunden werden, als wären die Erlebenden direkt dabei. Eine Seminarteilnehmerin erzählte:

«Meine Mutter war schon seit längerer Zeit schwer krank. Wir ahnten, dass sie sterben würde, aber wir wollten, dass sie zu Hause stirbt. Die Familie organisierte zusammen mit der Pflegestation eine Betreuung rund um die Uhr. Am Tag ihres Todes war ich mittags in meine Wohnung gefahren, um mich auszuruhen. Ich legte mich auf das Sofa und schlief ein. Im Traum hörte ich die Stimme meiner Mutter, die mich beruhigen wollte. Dann sah ich sie in der Badewanne sitzen und beobachtete, wie sie ins Wasser rutschte und ertrank. Vor Schreck wachte ich auf. Kurz darauf klingelte das Telefon, und meine Schwester teilte mir mit, dass meine Mutter in der Badewanne ertrunken war.»

Wenn Menschen sterben, mit denen uns eine tiefe Liebe verbindet, kommen empathische Todeserlebnisse besonders häufig vor. Es gibt aber auch Berichte, in denen Menschen, die mit dem Sterbenden nicht direkt bekannt waren, ein solches Mitsterben erleben. Wenn die Seele den Körper verlässt, kann die dabei frei werdende Lebensenergie durchaus einen fremden Menschen erreichen und zu einer außerkörperlichen Erfahrung führen. Gleichzeitig kann sich das Wohlgefühl des Sterbenden auf die fremde Person übertragen.

Ein junger Mann schilderte mir, dass er sich auf einem Spaziergang in seinem Dorf befand. Dabei kam er an einem Haus vorbei, in dem ein Mann gerade im Sterben lag. Er fühlte sich eigentümlich berührt durch eine seltsame Energie, die ihn durchflutete. Es war, als ob er sich plötzlich neben sich befinden würde, und er sah den Tunnel, in welchen der Mann hineingesogen wurde. Im Licht empfand er ein wunderbares Gefühl von Geborgenheit und Liebe, und schon war er wieder in seinem Körper, als ob nichts geschehen wäre.

Andere erleben dieses Mitsterben bei einem Unfall, der sie eigentlich gar nicht betrifft, als inneres Bild. Raum und Zeit sind bei einem derartigen Erleben aufgehoben, sodass der Tod eines Angehörigen über große Distanzen hinweg wahrgenommen werden kann:

Marianne befand sich auf einem Urlaub in Italien. Plötzlich hatte sie ein komisches Gefühl und musste immer an ihre Mutter denken, die seit Jahren als Alzheimer-Patientin in einem Pflegeheim in Berlin vor sich hin vegetierte. In dieser Nacht hatte sie einen sehr realen Traum, den sie nie vergaß. Sie sah ihre Mutter über sich schweben und ihr zuwinken. So gelöst und glücklich war ihre Mutter seit Jahren nicht gewesen, als ob sie sich verabschieden wollte. Als Marianne erwachte, schaute sie auf die Uhr. Es war Viertel nach drei. Am nächsten Morgen um acht Uhr rief das Pflegeheim an und teilte ihr mit, dass ihre Mutter nachts um Viertel nach drei gestorben sei.

Der 18-jährige Andreas berichtete mir vom Schlaganfall seines Großvaters, in dessen Folge auch noch eine schwere Lungenentzündung auftrat. In der Nacht, als der Opa mit dem Tod rang, hatte er folgenden «Traum»:

«In jener Nacht hatte ich einen einzigartigen Traum. Einen Traum, der so real war und doch so anders. Ich ging mit meinem Opa auf ein großes, schweres Tor zu. Er öffnete einen Flügel, und dahinter leuchtete ein strahlendes Licht. Weder blendete es, noch tat es in irgendeiner Weise weh. Nein, das Licht strahlte und gab eine innere Sicherheit. Mein Opa ging durch das Tor hindurch. Kurze Zeit danach kam er wieder und sah mich an. Dann nahm mich mein Großvater am Arm und sprach: ‹Es ist noch nicht so weit!›, und ging mit mir den Weg, den wir vorher gemeinsam gegangen waren, zurück.

Am nächsten Tag war die Lungenentzündung vollständig geheilt, obwohl die Ärzte ihm in der Nacht keine Überlebenschance gegeben hatten.

Erst im Nachhinein ist mir nach vielen Erzählungen und Fragen aufgefallen, dass ich eigentlich *nichts* gesehen, sondern seine Umgebung, Personen und Gesichtsausdrücke visuell gespürt habe.»

Andreas' Bericht über das Miterleben einer außerkörperlichen Erfahrung ist überaus bemerkenswert. Sein Hinweis darauf, das Erlebte «visuell gespürt» zu haben, verweist darauf, dass die Wahrnehmung im außerkörperlichen Zustand vom Geist des Menschen ausgeht, nicht aber von den körperlichen Sinnen. Wir verfügen über eine so genannte «Geistsicht», die unabhängig von unseren Gehirnfunktionen ist. Durch die damit verbundene Bewusstseinserweiterung können wir übersinnliche Dinge überhaupt erst wahrnehmen. Dann aber ist der Mensch in erster Linie Geist und nicht sein Körper!

Das Gefühl von Gegenwart

Das wohl am häufigsten erlebte Phänomen ist das Gefühl der Gegenwart eines verstorbenen Angehörigen oder Freundes, ein unmittelbares Gefühl von Nähe oder Anwesenheit. Der Betroffene spürt buchstäblich die spezifische Ausstrahlung eines ganz bestimmten Verstorbenen. Viele umschreiben dieses Gefühl als Wärme, die den Erlebenden einhüllt, als Geborgenheit und Liebe. In den meisten Fällen wird die Präsenz spontan erlebt, wobei der Betroffene nicht einmal an den Verstorbenen gedacht haben muss. Das Gefühl von Gegenwart tritt in ganz alltäglichen Situationen auf. Es ist ein inneres Wissen darüber, dass sich der Verstorbene im selben Raum oder Umfeld befindet. Die Anwesenheit wird als vertraut empfunden, da das individuelle Energiemuster des Verstorbenen gespürt wird.

Dem englischen Schriftsteller Stewart E. White ist es gelungen, das Gefühl der Präsenz eines Verstorbenen meisterhaft feinfühlig darzustellen. Obwohl der Text schon vor über sechzig Jahren geschrieben worden ist, hat er bis heute nichts von seiner Gültigkeit verloren. White verlor nach fünfunddreißig Jahren Ehe seine Frau. In der Stunde nach ihrem Tod erlebte er unter freiem Himmel vor seinem Haus folgende Begebenheit:

«Jedermann kennt das gemütliche, intime Gefühl des Beisammenseins, das einen manchmal überkommt, wenn man
sich mit einer zweiten Person im selben Zimmer befindet, jeder
ein Buch liest, nicht spricht und nicht einmal den anderen an-
blickt. Es ist ein zartes, flüchtiges Gefühl – das wir nur zu oft zu
bewahren und zu schätzen versäumen ... jenes seltene innere
Gefühl des Beisammenseins, das durch die Vorstellung des ‹Vor-
dem-Kaminfeuer-Sitzens› angedeutet wird. Dies ist es, wonach
wir in allen freundschaftlichen und liebevollen menschlichen
Beziehungen *wirklich* suchen, dabei stört aber die Tatsache, dass
wir verschiedene Menschen sind, die durch die Schranken ihres
körperlichen Gefängnisses mehr oder weniger voneinander getrennt werden. – Nun, innerhalb weniger Minuten flutete dieses Gefühl durch mein ganzes Wesen, aber mit einer Kraft und
Reinheit, wie ich es mir früher nicht hätte vorstellen können. Es
war dasselbe Erlebnis, doch hundertmal, tausendmal stärker.
Ich sah ein, dass es die geringfügige Tatsache, Betty sei nun
‹drüben›, mehr als nur wettmacht, weil das Ziel erreicht war,
welchem unsere gemeinsamen Bemühungen gegolten hatten ...
Klingt dies phantastisch? Vielleicht, doch ist es ebenso wirklich und greifbar wie der Stuhl, auf dem ich sitze. Und dies
so sehr, dass ich nie zuvor in meinem ganzen Leben von einer
so reinen Glückseligkeit erfüllt war. Keine Verzweiflung, keine
Verwirrung, nur ein tieferes Glück, als ich es je zuvor mit ihr
erlebt, ausgenommen vielleicht in den kurzen Augenblicken,
da alles in der Erfüllung harmonierte. – Und was mehr ist: Es
hat angedauert und wird mich immer begleiten.»[27]

Ein Gegenwartsempfinden kommt durch den Willen des
Verstorbenen zustande. Wir selbst können eine solche Begegnung nicht erzwingen. Der Verlauf dieser Erfahrung ist individuell, da man ihn nicht manipulieren kann. Die Begegnung mit

einem Verstorbenen ist nicht von den Wünschen der Lebenden abhängig. Wir vermögen lediglich, um ein Zeichen zu bitten oder zu beten.

Die Präsenz eines Toten geht meist mit einer enormen Gefühlsintensität einher, die in einen erweiterten Bewusstseinszustand münden kann, der es uns ermöglicht, die energetische Ausstrahlung eines Verstorbenen wahrzunehmen. Wir schwingen sozusagen auf einer höheren Frequenz des Seins. Echte Phänomene berühren den tiefsten Kern unserer Persönlichkeit. Das Bewusstsein lockert sich für kurze Zeit vom Körper, und wir erfahren, dass wir eigentlich nie alleine sind. Es besteht keine Trennung zwischen dem Diesseits und Jenseits.

Die Dauer eines solchen Erlebnisses ist sehr unterschiedlich. Ein Gegenwartsempfinden kann sich in Bruchteilen von Sekunden ereignen, oder es erstreckt sich über mehrere Minuten oder gar Stunden. Entscheidend sind die Auswirkungen: Die Erlebenden werden ruhig und gelassen und erfahren inneren Frieden. Sie wissen, dass wir nach unserem Tod weiterleben. Die Akzeptanz des Todes ist immer heilsam. So manches Hadern mit dem Schicksal oder Gott hört schlagartig auf. Die Betroffenen erfahren, dass sie nicht alleine sind. Durch den erweiterten Bewusstseinszustand erleben die Menschen ein Gefühl von Weite und Zeitlosigkeit, und der äußere Druck fällt von ihnen ab.

Das Gefühl von Gegenwart kann sich schon im Augenblick des Todes oder kurz danach ereignen, aber auch erst viele Jahre später erlebt werden. In der geistigen Welt spielt die Zeit keine Rolle. Wenn ein Verstorbener uns etwas mitteilen will, kann er dies tun, wo und wann es ihm beliebt. Da nach dem Tod alle Begrenzungen von Raum und Zeit aufgehoben sind, kann ein Nachtod-Kontakt, wie wir später sehen werden, zu jeder

Zeit und an jedem beliebigen Ort stattfinden: zu Hause, bei der Arbeit, im Urlaub, in fremden Ländern. Es gibt meistens keinen erkennbaren Grund oder Anlass für einen solchen Besuch. Aber die Berichte zeigen, dass das Interesse der Verstorbenen an unseren Angelegenheiten oft nicht nachlässt. An bestimmten Wende- oder Höhepunkten unseres Lebens machen sie sich spontan bemerkbar, oder sie versuchen, uns in schwierigen Situationen beizustehen.

Die Gegenwart Verstorbener ist ein universales Geschehen. Wenn wir offen sind für die feinen Einflüsse der geistigen Welt auf unser Leben und unsere Gedanken, werden wir erkennen, dass wir alle im Jenseits wie im Diesseits Teil des EINEN EWIGEN Geistes sind (siehe dazu auch das Kapitel «Die Bedeutung der Nachtod-Kontakte für unser Leben»).

Manche erleben das Gefühl von Gegenwart in kurzen Abständen gleich mehrfach hintereinander. Es gibt sogar Berichte, in denen mehrere Verstorbene gleichzeitig erschienen sind. Dabei wird jedes Individuum einzeln identifiziert – auch dafür wird es im Folgenden Beispiele geben.

Bei einem plötzlichen Tod weiß der Betroffene oft unbewusst, dass er nicht mehr lange zu leben hat. Seine Präsenz kann dann ein Gefühl von Erleichterung und Klarheit vermitteln.

«Vor einigen Monaten verstarb meine Tochter mit sechsundzwanzig Jahren an einer Überdosis Drogen. Das Seltsame war, dass Jana Vorahnungen von ihrem frühzeitigen Tod gehabt hat. An dem Wochenende vor ihrem Tod kam sie spontan mit zu ihrer Oma, die einen Bauernhof außerhalb der Stadt besitzt. Das war an sich schon außergewöhnlich, da meine Tochter sehr eigensinnig war und sich wenig oder gar nicht für ihre Familie interessierte. Sie ging sogar mit der Oma in den Stall und sprach lange mit ihr über ihr Leben. Das hatte sie vorher noch nie getan. Sie verabschiedete sich in eindringlicher Weise.

Am nächsten Tag war ich bei ihr zum Kaffee eingeladen, was sie aber kurzfristig absagte. Sie rief mich abends an, und wir führten ein sehr intensives Gespräch – so wie nie zuvor. Sie sagte mir, dass sie sehr wohl wisse, wie schwierig ihr Leben sei, und dass es auch für mich nicht leicht gewesen sei, mit ihrer langjährigen Drogensucht klarzukommen. Sie erklärte mir, dass sie ihr Leben verändern wolle, und sagte sogar, dass sie sich Kinder wünsche, damit etwas von ihr zurückbleibt, wenn sie nicht mehr ist. Ich war zutiefst betroffen.

Am nächsten Vormittag, einem Montag, konnte ich sie nicht telefonisch erreichen. Da spürte ich plötzlich ganz stark ihre Gegenwart im Raum. Sie wirkte ruhig und entspannt und sprach telepathisch zu mir. Sie habe es endlich geschafft, ihren inneren Frieden zu finden. Ich benachrichtigte sofort die Polizei, und wenig später fanden wir sie tot in ihrer Wohnung auf. In der Nacht darauf erschien sie mir im Traum und verabschiedete sich. Sie wirkte sehr euphorisch und betonte, dass ihre Zeit um war.»

Das Empfinden der Gegenwart eines Verstorbenen kann in verschiedenen Formen auftreten: über Gehörwahrnehmungen, die telepathisch übermittelt werden, über Berührungen, Geruchswahrnehmungen oder symbolische Zeichen. Im Folgenden möchte ich auf diese einzelnen Varianten des Gegenwartsempfindens näher eingehen und entsprechende Fallbeispiele aus dem reichhaltigen Dokumentationsmaterial vorstellen.

Gehörwahrnehmungen

In zahlreichen Nachtod-Kontakten werden eindeutige verbale Botschaften übermittelt. Die Stimme eines Verstorbenen wird dabei im Außen oder im Inneren vernommen. Gerade Letzteres, die telepathische Kommunikation, ist weit verbreitet. Entscheidend bei solchen Erfahrungen ist die eindeutige Identifikation der Stimme eines Verstorbenen. Sprachmelodie und Intonation klingen vertraut, und die gegebenen Botschaften sind eindeutig auf bestimmte, identifizierbare Verstorbene zurückzuführen.

Die akustischen Nachrichten der Verstorbenen sind meistens kurz und präzise, fast wie Telegramme. Seltener sind umfangreiche Botschaften über Gegebenheiten der geistigen Welt. In den meisten Fällen wollen die Verstorbenen uns mitteilen, dass es ihnen gut geht und wir uns keine Sorgen machen sollen. Typische Formulierungen sind «Ich liebe dich», «Mir geht es gut», «Alles ist in Ordnung», «Gehe deinen Weg».

Rosalinde schreibt: «In jener Nacht konnte ich wieder einmal nicht einschlafen. Ich musste dauernd an meinen vor sechs Wochen verstorbenen Vater denken. Er war plötzlich an einem Herzinfarkt verstorben und fehlte mir sehr. Ich stand auf und ging ins Wohnzimmer, wo ich eine Kerze anzündete. Dann vernahm ich im Raum, also außen, eindeutig die Stimme meines Vaters. ‹Mach dir nicht so viele Gedanken. Mir geht es gut›, sagte er. Es war mein Vater! Und ich habe mir das nicht eingebildet! Es war ganz real!

Mir persönlich half es, seinen Tod zu verarbeiten und ihn loslassen zu können, auch deswegen, weil ich in den darauf folgenden Tagen seine Gegenwart immer wieder spürte. Dann kam der Tag, an dem er sich bei mir verabschiedete mit den

Worten: ‹Ich liebe dich, aber ich muss nun weitergehen.› Danach habe ich nie wieder etwas von ihm gehört.»

Unterschiedliche Arten von Nachtod-Kontakten können gleichzeitig auftreten. So wird beispielsweise die Gegenwart und gleichzeitig auch die Stimme eines Verstorbenen vernommen. Diese Mitteilungen bereiten uns auf ein Wiedersehen vor. Die Verstorbenen sind in der Lage, unsere persönlichsten Gedanken wahrzunehmen und darauf zu reagieren. Wenn es gelegentlich zu umfangreichen Durchgaben oder Mitteilungen an die Hinterbliebenen kommt, bedürfen die Verstorbenen offenbar einer spezifischen Erlaubnis von drüben. Wir erfahren durch die innere oder äußere Stimme nur so viel, wie wir wissen sollen beziehungsweise verkraften können. Ein Mann berichtete Folgendes:

«… ‹Ich habe die Erlaubnis erhalten, zurückzukehren und dir zu sagen, dass ich hier geduldig auf dich warte. Die Zeit ist hier bedeutungslos, deshalb brauchst du dich nicht zu beeilen. Nimm dir so viel Zeit, wie du willst, bevor du die Erde verlässt. Ich werde geduldig warten, bis der Tag kommt, an dem du bei mir bist. Dann werden wir in ewiger Umarmung vereint sein.› Und damit schwand sie wieder aus meinem Bewusstsein.

Ich fühlte eine starke Verbindung, eine angenehme Sicherheit, dass der Tod uns nicht getrennt hatte, dass Nina und ich wieder zusammenkommen würden.»[28]

Manche Hinterbliebene erhalten sogar Ratschläge in verschiedenen Alltagssituationen. Die Verstorbenen wollen uns helfen und geben sogar konkrete Hinweise, wie wir mit bestimmten Situationen unseres Lebens umgehen können.

«Am Tag nachdem Ray gestorben war, hörte ich morgens seine Stimme, die sagte: ‹Ich habe vergessen, das Geld zur Bank zu bringen! Es steckt in meiner Jackentasche. Hol es lieber gleich und steck es in deinen Geldbeutel.› Es klang, als stünde er rechts hinter mir.

Ich sah in seiner Jackentasche nach, und da war das Geld! Über dreihundert Dollar! Wir hatten am Nachmittag vor seinem Tod meinen Kombi verkauft. Ray hatte das Geld eingesteckt und es eigentlich auf unser Konto einzahlen wollen. Ich wusste nicht, dass er noch nicht bei der Bank gewesen war.»[29]

Eine Begegnung mit dem Verstorbenen erfolgt am häufigsten über die innere Stimme, also auf telepathischem Weg. In den Äußerungen der Verstorbenen wird darauf hingewiesen, dass die Todesart oder die Umstände des Todes nicht mehr von Bedeutung sind. Die Aussagen von der anderen Seite hingegen beruhigen und trösten uns, wie es auch der nächste Fall demonstriert:

«Fünf Monate nach dem Tod meines Bruders fuhr ich nach einem Abendseminar nach Hause. Ich dachte nicht einmal an ihn. Plötzlich, ganz unvermittelt, hörte ich seine Stimme in meinem Kopf. Das war Telepathie – ich erkannte seine Art zu sprechen. Er sagte: ‹He, kleine Schwester. Mach dir keine Sorgen mehr um mich. Alles ist in Ordnung.› Meine Reaktion war: ‹Walt! Walt, bist du das?› Es ging alles so schnell, dass ich dachte, ich hätte es mir eingebildet.

Dann, vielleicht ein oder zwei Minuten später, erhielt ich noch eine Mitteilung: ‹Mein Unfall ist nicht von Bedeutung. Er ist nicht wichtig. Hör auf zu grübeln.›

Das war die Antwort auf viele meiner Ängste. Ich hatte mir um Walt Sorgen gemacht, weil er so plötzlich und gewaltsam gestorben war.»[30]

Verstorbene versuchen über ihren Tod hinaus, Unerledigtes in Ordnung zu bringen. Entweder bedanken sie sich für bestimmte Handlungen oder Gesten der Angehörigen, oder sie bitten um Vergebung und Entschuldigung. Die meisten Menschen sind mit sich selbst und ihrer Umwelt nicht im Reinen und sind besonders bei einem plötzlichen Tod nicht vorbereitet. Das trifft auch bei Suizid zu.

«Einige Wochen nach dem Suizid meines Mannes hatte ich ein erschütterndes Erlebnis. An einem Samstagnachmittag bemerkte ich seine Anwesenheit. Was ich spürte, war Verzweiflung – ein körperloser, verzweifelter Mensch. Ich war entsetzt und ratlos, nicht über den Kontakt, sondern über seine maßlose Verzweiflung. Ich hatte das Gefühl, dass er um Vergebung für seinen Suizid bat. Ich nahm ihn einfach fest in den Arm und tröstete ihn. Nach einigen Minuten war er plötzlich verschwunden. Danach ist er mir nie wieder erschienen. Ich glaube, dass er durch meine Vergebung ins Licht eingehen konnte.»

Im nächsten Fall betet eine Mutter für ihre Tochter, die sich das Leben genommen hat. Sie hatte das untrügliche Gefühl, dass ihre Tochter noch keine Ruhe finden konnte.

«Meine Tochter nahm sich mit siebzehn Jahren durch einen Fenstersprung das Leben. Sie war noch zwei Tage auf der Intensivstation, bevor sie sterben konnte. Nach ihrem Tod spürte ich häufiger ihre Anwesenheit. Ich hatte dabei das Gefühl, dass sie sehr durcheinander und orientierungslos war. Deswegen betete ich für sie.

Einige Wochen später erschien sie mir im Traum. Sie wirkte befreit und glücklich und übermittelte mir telepathisch, dass sie einen großen Fehler begangen habe. Ihre Lebensrückschau habe ihr geholfen, ihre Fehler zu erkennen, und sie würde von nun an sich arbeiten. Sie bat mich um Vergebung und sagte, dass sie immer für mich da sein würde. Das Gebet habe ihr sehr geholfen. Was mich sehr erleichtert hat, war ihre Mitteilung, dass sie während ihres langen Todeskampfes schon einen Teil ihres Lebens aufarbeiten konnte. Sie habe die zwei Tage auf der Intensivstation gebraucht, um ihren Tod akzeptieren zu können.»

Dieses Beispiel zeigt die Wirksamkeit eines Gebetes und bringt die Dankbarkeit der verstorbenen Tochter darüber zum Ausdruck, dass die Mutter sie unterstützt hat.

In unserer Gegenwart ist das Leben hektischer und rastloser geworden. Durch die hohen Anforderungen, Leistungsansprüche und die Schnelllebigkeit kommen wir kaum zur Ruhe. Wir hasten durch die Tage und verlieren dabei die Verbindung zu uns selbst und der eigenen Innenwelt, da wir uns keine Zeit nehmen, uns damit auseinander zu setzen. Wir sind nur noch mit äußerem, materiellem Streben befasst und nur noch der Außenwelt zugewandt. Gefühle werden unterdrückt, und Hektik und Stress sorgen dafür, dass die Mitmenschen nicht mehr zur Kenntnis genommen werden. Ebenso wenig nehmen wir uns die notwendige Zeit für unsere Familie, unsere Kinder, den Partner oder Freunde. Daraus resultierende Entfremdungen führen zu Streit, Wut, Zorn, zu ständigen Streitereien und Verletzungen, zu Worten, die wir nicht sagen wollten. Wir fühlen uns oft nicht verstanden. Werden wir dann mit dem Tod eines Angehörigen konfrontiert oder stehen vielleicht durch eine schwere Erkrankung selbst dem Tod gegenüber, fällt es uns wie Schuppen von den Augen, dass wir gar nicht wirklich gelebt haben, da wir alle wichtigen Dinge auf später verschoben haben. Es bleibt niemandem erspart, sich den nicht gelebten oder verdrängten Dingen des Lebens zu stellen. Wir erkennen zu spät, wie wichtig ein Innehalten und Ruhe und Stille gewesen wären. Wie einfach wäre es gewesen, sich täglich wenigstens ein paar Minuten Zeit zu nehmen, um über sich selbst zu reflektieren.

Solange es geht, verdrängen wir das Ende unseres Lebens.

Wir sträuben uns, die Eigenverantwortung für unser Leben anzuerkennen. Das ist der tiefere Grund dafür, dass Verstorbene, die mit uns in Kontakt treten, um Vergebung bitten. Sie wurden durch ihre Lebensrückschau mit ihren eigenen Versäumnissen konfrontiert und bereuen bestimmte Handlungen ihres Lebens.

Die Verstorbenen sehnen sich nach Frieden und Vergebung, um auf eine höhere Ebene des jenseitigen Lebens zu gelangen, damit sie sich weiterentwickeln können. Vergebung und Reue sind ein wichtiges, stets wiederkehrendes Element bei den Nachtod-Kontakten und treten in verschiedenen Formen auf.

«Ich hatte mich immer gefragt: ‹Warum hasst mich mein Vater?› Zu seinen Lebzeiten war er kein liebevoller Mensch gewesen. Er war sehr streng zu uns Kindern und verprügelte uns auch. Ich habe sogar erlebt, dass er meine Mutter schlug. Am dritten Tag nach seinem Tod erschien er mir. Er sah aus wie immer, nur konnte ich durch ihn hindurchsehen. Seine Gestalt erschien mir wie grauer Nebel, aber er war deutlich zu erkennen. Und hinter ihm sah ich ein helles, weißes Licht.

Mein Vater weinte und bat mich um Verzeihung. Er sagte, was er mir und der ganzen Familie je angetan hatte, täte ihm sehr Leid. Er habe erkannt, dass es falsch war. Wir sollten verstehen, dass er als Kind unter Gewalt gelitten und dadurch gelernt hatte, sie selbst auszuüben. Mein Vater sagte auch, dass er mich doch liebe – und mich immer geliebt habe –, aber aufgrund seiner Erziehung das nicht habe zeigen können. Und dann war er verschwunden. Nachdem er weg war, weinte ich, weil ich das Gefühl hatte, dass mir eine schwere Last von den Schultern genommen worden war.»[31]

Der nächste Fall zeigt, dass wir auch nach dem Tod noch Dinge bereinigen können.

«Mein Vater kam durch ein tragisches Geschehen ums Leben. Vorher hatte ich über zwei Jahre keinen Kontakt zu ihm, weil wir uns gestritten und getrennt hatten. Nach seinem Tod verabschiedete er sich bei mir im Traum. Er stand nachts an meinem Bett, streichelte und umarmte mich, als ob er mir sagen wollte: ‹Es ist alles gut. Der Streit ist vergessen.› Er sah aus wie früher, als er jung war, völlig gesund und glücklich. Besonders interessant war, dass meine Schwester parallel den gleichen Traum hatte.»

In dem obigen Fall bereut der Vater sein gewalttätiges Verhalten während seines Lebens. Gleichzeitig kann der Sohn durch diesen Traum mit sich selbst ins Reine kommen.

Ein sehr bewegendes Beispiel beschreibt Anne Ray-Wendling in ihrem Buch «Mein Kontakt mit dem Jenseits». Ihr verstorbener Ehemann Jérôme, der sie sehr gequält hat während ihrer Ehe, meldet sich bei ihr und fleht um Vergebung. Sie fühlt längere Zeit seine schwere und belastende Gegenwart, bis sie schließlich ein Medium aufsucht. Ihr Ehemann teilt ihr über das Medium Folgendes mit:

«Guten Tag. Ich bin es, Jérôme. Danke. Meine Freude über deine Anwesenheit hier ist groß. Verzeihung. Verzeihung für den niedrigen Geist, der meinen Körper besessen hat. Von ganzer Seele bitte ich dich um Verzeihung für alles, was ich dich bei meiner letzten Inkarnation durchmachen ließ.

Verzeihung für das Leid, das ich dir angetan habe. Ich war nicht bei Bewusstsein. Meine Seele war völlig durch meinen Geist erstickt. Als ich plötzlich ging, hatte ich große Mühe, mich zu befreien, denn ich verstand nicht, was mir geschah. Ich habe sogar versucht, mit euch zu sprechen, vergeblich.

Doch das liegt jetzt weit zurück, ich danke dem Licht meines Aufstieges, aber der Fall war hart. Dann ist mir bewusst geworden, wo ich mich befand. Ich habe nicht zu geben gewusst, deshalb werde ich wiederkehren.

Aber du, meine Liebe, ja, denn ich darf dich noch so nennen, dich muss ich für meine Gewalttätigkeit um Verzeihung bitten …»[32]

Anne ist von seinem Schmerz ergriffen. Ihr Ehemann erklärt ihr:

«Ohne eure Vergebung bleiben die Seelen an einem Ort grauer Einsamkeit, ohne Licht. Vergebung. Vergib auch du mir, ich bitte dich inständig, sonst kann ich diesen Ort nicht verlassen. Nur deine Liebe oder zumindest deine Vergebung können mich zum Licht aufsteigen lassen. Danke, o ja, danke, dass du mich befreist!»[33]

Die Autorin erkennt, dass Verstorbene oft viele Jahre in ihren Irrtümern gefangen sind und durch die Verbitterung der Angehörigen an graue Zwischensphären des Jenseits gebunden bleiben. Wir können uns nur gegenseitig, durch Liebe und Vergebung, befreien. Das Festhalten am erlittenen Unrecht und das Beharren auf Wut und Zorn blockieren unseren Lebensfluss. Wenn wir vergeben können, befreien wir uns selbst und auch die, mit denen wir verstrickt waren. Jérôme bedankt sich für die Vergebung durch seine Frau:

«Danke, o danke! Durch deine Vergebung bin ich frei, ich werde aufsteigen können. Wir werden gemeinsam wachsen können, denn du bist gerade durch die Aufrichtigkeit deiner Vergebung gewachsen. Meine Schwingungen werden sich ändern. Ich werde über dich und unsere Kinder wachen können. Danke! Ich komme wieder! Ich besitze die göttliche Erlaubnis. Danke euch allen! Wir müssen uns Gedanken der Liebe übermitteln, Gedanken, die uns helfen aufzusteigen, da sie als Regen der Liebe wieder auf euch herabfallen …»[34]

Berührungen (Tastwahrnehmungen)

Es gibt heute zahlreiche Menschen, die von einer körperlichen Berührung seitens eines Verstorbenen berichten. Derartige Kontakte sind immer auch mit einem Gegenwartsempfinden verbunden. So unglaublich sich derartige Erzählungen für uns auch anhören mögen, scheinen sie sich besonders dann zu ereignen, wenn eine sehr enge, intime Beziehung zu dem Verstorbenen bestanden hat. Berührungen können schon im Augenblick des Todes erlebt werden:

«Als mein Vater im Sterben lag, habe ich den Notarzt angerufen. Es dauerte eine Ewigkeit, bis er kam. Ich lief auf die Straße, um auf den Krankenwagen zu warten. Plötzlich fasste mich jemand von hinten an die Schulter, wie zur Beruhigung. Ich spürte die Berührung mit jeder Faser meines Körpers. Ich dachte, ich stehe im Weg und jemand will an mir vorbei. Also trat ich einen Schritt zur Seite und schaute mich um, doch niemand war da. Mein Vater verstarb genau in diesem Augenblick in der Wohnung.»

Diese Art von Zuwendungen über den körperlichen Tod hinaus wird in Form von sanfter Berührung, Streicheln, Umarmung oder sogar als Kuss wahrgenommen.

Eine junge Frau berichtete mir von ihrem 5-jährigen Sohn Robert, der durch einen Unfall ums Leben gekommen war. Sie war sehr traurig und konnte oft nicht einschlafen. Eines Nachts spürte sie, wie die Hand ihres Sohnes sanft ihre Wange berührte. Sie wusste, dass es Robert war. Genau so hatte er sie vor seinem Tod immer gestreichelt. Es war, als wollte Robert ihr mitteilen, dass alles gut sei. Nach diesem Erlebnis fühlte sie einen tiefen inneren Frieden.

Robert wählte eine für ihn typische Berührung, sodass die

Mutter sichergehen konnte, dass es sich wirklich um ihren Sohn handelte.

Eine Studentin schrieb mir kürzlich: «Ich bin zweiundzwanzig Jahre alt und liege in meinem Schlafzimmer auf dem Bett. Gerade eben habe ich das Licht ausgemacht, und jetzt lege ich mich in die Schlafposition. Ich bemerke, wie eine sanfte Berührung von meinem Kopf über die Schulter streicht. Dieses Streicheln geht ungefähr eine Minute lang so weiter, immer wieder über den Kopf, dann sanft über die Schulter, über den Oberarm. Ich weiß, spüre, fühle: Das ist mein Großvater. Die Situation ist mir unheimlich, deshalb bitte ich ihn aufzuhören und knipse die Nachttischlampe wieder an. Es hat sofort aufgehört. Ich sehe mich um, das Zimmer ist natürlich leer. Dann lösche ich erneut das Licht und schlafe.

Viele Jahre später habe ich meiner Mutter dieses Ereignis beschrieben. Die wurde daraufhin ganz blass. Sichtlich erregt schilderte sie mir, dass mein Großvater sie genau auf diese Weise immer gestreichelt habe, wenn er der Meinung war, dass sie fest schliefe, weil er ihr tagsüber im Wachzustand seine Liebe nicht zeigen konnte.»

Unerwartete Berührungen von Verstorbenen können natürlich verunsichern oder verängstigen. Die junge Studentin handelte instinktiv genau richtig: Wir können den Verstorbenen immer direkt sagen, wenn wir etwas nicht wollen. Das gilt natürlich auch für alle anderen Formen der Nachtod-Kontakte. Wenn eine Gegenwart als zu intensiv empfunden wird oder wir uns über eine Erscheinung erschrecken, besteht immer die Möglichkeit, den Verstorbenen aufzufordern, uns in Ruhe zu lassen. Es ist nicht ihre Absicht, uns zu erschrecken.

Die Heilkraft eines taktilen Kontakts kann sehr groß sein.

Ein Vater, der seine Tochter durch einen Unfall verlor, beschreibt einen Kuss:

«Zwei Tage nachdem meine Tochter getötet wurde, lag ich auf dem Sofa im Wohnzimmer und schlief. Ungefähr zehn oder fünfzehn Minuten nach dem Einschlafen wurde ich von Lauras Kuss geweckt. Ich wusste genau, sie war da! Sie küsste mich auf die Lippen – ich spürte, wie sie mich küsste! Ich wusste ohne jeden Zweifel, dass meine Tochter mir diesen Kuss gab, um mir zu sagen, dass es ihr gut ging. Alles, was Laura zu sagen hatte, war in diesem Kuss enthalten.

Es war sehr tröstlich für mich – ich war so froh! Das war das Wunderbarste, was ich je erlebt habe!»[35]

Verstorbene versuchen, sich uns in der Art und Weise bemerkbar zu machen, in der wir sie am besten erkennen können. Daher wählen sie Berührungen aus, die uns vertraut sind:

«Mein Vater hatte zu Lebzeiten die Angewohnheit, seine Wange ganz fest gegen die meine zu pressen. Eines Tages bei der Hausarbeit spürte ich plötzlich diese vertraute Berührung, und ich wusste, dass er anwesend ist. Es war genauso, wie ich es von Kindheit an kannte. Mein Vater war da, und es fühlte sich so echt an, als stünde er direkt neben mir. Ich hatte nicht den geringsten Zweifel und musste sogar lachen. Er wollte, dass ich mir sicher bin, dass er anwesend ist. Mich machte dieses Erlebnis sehr glücklich. Es hatte etwas Warmes und Tröstliches, als ob ich einen direkten Zufluss an spiritueller Energie empfing.»

Zahlreiche Witwen sind nach dem frühen Tod ihres Ehemannes verbittert und voll Wut und Zorn, besonders wenn die Kinder noch klein sind. Eine Berührung durch einen Verstorbenen kann die Gewissheit vermitteln, nicht alleine zu sein, und neuen Lebensmut schenken.

«Ein Jahr nach dem Tod meines Mannes ging ich auf den

Friedhof. Es ging mir nicht gut, ich weinte und war ganz mit mir und meinen Gefühlen beschäftigt. Ich fühlte mich so verlassen mit meinen drei Kindern, die ich allein aufziehen musste.

Plötzlich spürte ich Charles links neben mir stehen. Ich spürte seine Gegenwart, seine Nähe. Ich war völlig verblüfft, weil er seinen Arm um mich gelegt hatte und seine Hand auf meiner rechten Schulter lag. Ich spürte, dass er mich tröstete. Das dauerte höchstens fünf Sekunden, aber danach fühlte ich mich viel besser. Ich fasste wieder Mut und konnte nach Hause gehen.»[36]

Es ist schwer, den Suizid des eigenen Kindes akzeptieren zu können. Besonders wenn die Umstände des Todes nicht geklärt werden können, sind die Angehörigen ratlos und verzweifelt. In derartigen Fällen ist eine Berührung oder Umarmung sehr hilfreich.

«Ich konnte den Suizid meines 20-jährigen Sohnes nicht akzeptieren. Immer wieder erschien er mir im Traum und vermittelte mir, dass es ihm gut geht. Jedes Mal breitete er seine Arme aus, und er bat mich, ihm dieses zu erlauben. Dann umarmte er mich. Diese Umarmungen waren so real, dass ich sie körperlich spürte. Dies wiederholte sich an mehreren Tagen hintereinander, bis er sich verabschiedete und sagte: ‹Ich habe nun andere Aufgaben zu erfüllen.› Danach traten derartige Berührungen nicht mehr auf. Doch von Zeit zu Zeit spüre ich seine Gegenwart. Diese Begegnungen haben mir geholfen, seinen Tod anzunehmen, obwohl ich noch heute manchmal auf ihn wütend bin.»

In den vorliegenden Berichten fällt auf, dass Verstorbene häufig um Erlaubnis bitten, bevor sie einen Angehörigen berühren.

Körperlich spürbare Berührungen werden meistens im Rahmen einer Bewusstseinserweiterung erlebt. Dadurch entsteht ein gemeinsamer Raum, in dem eine intensive Begegnung möglich wird. Das kann sowohl in Träumen als auch im Wachzustand geschehen. Die Intensität des Gefühls lässt das Ereignis körperlich spürbar werden, besonders dann, wenn der Erlebende sich fallen lassen kann. Dadurch entsteht das unzweifelhafte Gefühl von Realität. Manche Verstorbene können sich für kurze Zeit tatsächlich manifestieren, was von einigen Zeitgenossen sicherlich angezweifelt werden mag. Und doch gehört die körperliche Manifestation Verstorbener zu den am besten dokumentierten Fällen in der Geschichte. Dass Berührungen auch sehr ambivalente Gefühle auslösen können, zeigt unser nächster Fall. Hildegard schreibt:

«Während eines Gegenwartsempfindens mit meiner Mutter spürte ich eine ‹Berührung› meines Oberkörpers von rechts nach links, wie eine Umarmung, aber seltsam fest und ‹ungelenk›, die mich fast in Panik geraten ließ, weil sie zeitweilig sehr stark und fast unangenehm wurde. Nach wenigen Sekunden löste sich diese ‹Umarmung›, und links vor mir hörte ich die völlig normale Stimme meiner Mutter, aber nicht die Stimme der alten Frau, die sie ja zuletzt war, sondern wie sie mit etwa sechzig geklungen hat, frisch, vital, und sie sagte nur ein Wort, das ich seit Jahrzehnten von ihr nicht mehr gehört hatte: ‹Hildchen.› – Das war ein Erkennen: Ja, es gibt ein Weiterleben! Sie hat es geschafft, mir davon Mitteilung zu machen und – die für mich überraschendste und wichtigste Erkenntnis auch von ihrer Liebe, die ich zeitlebens bei ihr vermisst hatte. Ich interpretierte diesen Kontakt als Zeichen ihrer Liebe und die Bitte um Vergebung. Dies alles dauerte nur Augenblicke; ich spürte sie nach links entschwinden und rief ihr ein ‹Danke› nach, was ich im selben Augenblick als töricht empfand, aber das war es nun mal, was in mir vorging.»

Berührungskontakte können in Angst und Panik umschlagen, wenn sie sich in ungewöhnlicher Weise häufen. Die Angehörigen fühlen sich dann überfordert. Hildegard beschreibt einen weiteren Kontakt, der ihr sehr viel Angst einjagte:

«Das erste ungläubige Staunen und die Freude machten allmählich einem beklemmenden Angstgefühl Platz. Ich traute mich nicht mehr schlafen zu gehen, saß mit Festbeleuchtung im Wohnzimmer bei eingeschaltetem Fernseher und ging immer später ins Bett. Dabei bat ich Mutter, wenn sie denn erneut kommen wolle, möchte sie mich doch bitte nicht ‹anfassen›, weil mir das Angst mache. Am 28. Januar 2002 ‹kam› sie erneut, und diesmal war es so unangenehm, dass ich immer unglücklicher wurde. Ich hatte wieder das Gefühl, angefasst zu werden; es fühlte sich an, als benutzte sie dafür zwei Holzstücke. Ich empfand es als unangenehm und war traurig, wusste aber, dass ich selbst das verursacht hatte. Deshalb bat ich mental meine Mutter um Verzeihung und teilte ihr – noch immer voller Angst – mit, künftig dürfe sie gerne so kommen, wie sie selbst es möchte oder es für sie möglich sei, weil ich wüsste, dass sie mir nichts Böses wolle.

Am 19. März 2002 erwachte ich von einer sehr sanften Umarmung und dem Eindruck, dass sie rechts neben mir liege und ‹kuschelte›. Nach wenigen Augenblicken war sie fort, und diesmal hatte ich ihre ‹Anwesenheit› als tröstlich und beglückend empfunden. Ein merkwürdiges Gefühl stellte sich ein: Ich hatte meiner Mutter restlos vergeben und empfand ein Gefühl zwischen uns beiden, das zu ihren Lebzeiten nie möglich gewesen wäre.»

Zu diesem Erlebnis sei angemerkt, dass ein sich häufender

und als unangenehm empfundener Kontakt ein Zeichen dafür sein kann, dass ein Verstorbener noch erdgebunden ist, da er unerledigte Dinge zurückgelassen hat. Nachdem Hildegard ihrer Mutter verziehen hatte, stellte sich Ruhe und Frieden ein.

Geruchswahrnehmungen

Geruchswahrnehmungen, die mit einem bestimmten Verstorbenen assoziiert werden, sind außergewöhnlich häufig. Typische Düfte sind beispielsweise ein bestimmtes Rasierwasser, Parfums, Blumen, Getränke oder Tabak. Dieser Duft tritt meistens plötzlich auf und passt eigentlich nicht zu der Umgebung. Der Raum wird von ihm erfüllt, wobei seine Quelle nicht ersichtlich ist. Er ist einfach da.

«Ich lag in meinem Bett und musste immer an meinen Mann denken. Ich weinte und war wütend, dass er so früh sterben musste. Plötzlich, ich weiß gar nicht, woher dieser Geruch kam, spürte ich die Anwesenheit von Christian: Ich roch sein Aftershave. Es war ganz bestimmt die Marke, die er immer benutzte. Das ganze Schlafzimmer roch nach ihm. Eigentlich ist das der einzige bedeutende Geruch, den ich mit Christian in Verbindung bringe. Ich wusste, dass es ein Zeichen von ihm war und dass er bei mir ist. Ich fühlte mich sehr getröstet, und dieser Kontakt half mir zu glauben, dass ich nie alleine bin. Sein Duft lag sehr lange in der Luft. Ich empfand einen tiefen, beruhigenden Frieden, wie lange nicht.»

Verstorbene tragen oft über Jahre hinweg einen bestimmten Duft, der ihr Erkennungszeichen war. Dies macht es für die Hinterbliebenen einfach, sie zu identifizieren. Kleidung kann einen solchen Geruch verströmen, oder Seife und Kosmetika. Verwaiste Eltern berichten, bestimmte Hautpflegeprodukte, die sie bei ihrem Kind benutzt hatten, wahrgenommen zu haben. Dabei können mehrere Personen gleichzeitig denselben Geruch bemerken:

«Mein Sohn David starb im Alter von drei Jahren nach einer schweren Hirnhautentzündung. Da sein Tod für mich und meinen Mann völlig überraschend eintrat, waren wir über Monate hinweg wie gelähmt und betäubt. Meine beste Freundin erzählte mir, dass sie nach dem Tod ihres Vaters einen wunderbaren Traum erlebte, der sie von einem Leben nach dem Tod überzeugte. Sogar mein Mann horchte bei der Erzählung auf.

Wir wünschten uns beide nichts sehnlicher als ein Zeichen von David. Eines Abends saßen wir beim Abendbrot in unserem Wohnzimmer und unterhielten uns über den Arbeitstag meines Mannes. Keiner von uns beiden dachte in diesem Moment an David. Von einem Moment zum anderen war der ganze Raum erfüllt von dem Duft der Hautpflegecreme, die ich immer für David benutzt habe. Das war Davids ganz spezifischer Geruch. Erstaunt schaute mein Mann auf und fragte nur ungläubig: ‹Riechst du das auch? Das ist doch Davids Geruch!› Ich nickte wortlos. Ganz deutlich fühlten wir die Gegenwart unseres Sohnes. Dieser Schwebezustand dauerte fast eine Viertelstunde, bis der Geruch ebenso plötzlich verschwand wie das Gegenwartsempfinden. Seit diesem Erleben konnten wir unsere Trauer besser verarbeiten, obwohl uns David natürlich weiterhin fehlt.»

Wenn wir einen Nachtod-Kontakt erleben, ist dies ein Geschenk. Verstorbene können uns zu jeder Zeit, an jedem Ort und zum Zeitpunkt ihres Übergangs erreichen, wie das folgende Beispiel zeigt:

«Ich hielt mich damals in Japan auf und schlief in meinem Hotelzimmer. Ungefähr um drei Uhr morgens wachte ich abrupt auf und nahm einen wunderbaren Lilienduft wahr. Der Duft überwältigte mich geradezu – er war im ganzen Zimmer! Ein Gefühl großer Liebe und Wärme überkam mich, und dann schlief ich wieder ein. Drei Stunden später klingelte das Telefon – es war mein Mann aus den USA. Er sagte, das Pflegeheim habe ihn gerade angerufen, weil meine Mutter drei Stunden zuvor gestorben sei. Als ich den Zeitunterschied ausrechnete, war drei Uhr morgens in Japan ihre genaue Todeszeit in Connecticut. Während ich weinte, kam der Lilienduft wieder! Lilien sind die Lieblingsblumen meiner Mutter gewesen. Da verstand ich, dass meine Mutter da war, und sagte: ‹Mama, du bist das! Es tut mir so Leid, dass ich nicht da war, als du gestorben bist.› Sie sagte: ‹Ich verstehe das. Es ist alles gut. Weine nicht um mich. Es ist besser auf der anderen Seite.›»[37]

Ein Nachtod-Kontakt in Form von Gerüchen erweckt positive Erinnerungen und kann viel Geborgenheit vermitteln. Ein derartiges Phänomen kann sogar in der freien Natur auftreten:

«Mein Vater beging Suizid. Er wurde zwölf Tage vermisst, bevor er gefunden wurde. Er hatte sich von einem Felsen gestürzt. Ich bat ihn immer wieder, mir mitzuteilen, ob es ihm gut gehe. Etwa drei Monate nach seinem Tod roch ich plötzlich sein Aftershave im Wohnzimmer meiner Mutter. Ich dachte zunächst, dass meine Mutter das Parfum versprüht hätte. Zwei Tage später umgab mich sein typischer Tabakgeruch morgens auf dem Balkon und einen Tag später sogar im Freibad. Ich saß am Beckenrand, als ich seinen Geruch bemerkte. Ich empfand sehr deutlich seine Anwesenheit. Es war mein Vater!»

«Nach dem Tod meines Großvaters spürte ich immer wieder seine Anwesenheit, wo immer ich mich gerade befand.

Einmal saß ich im Wohnzimmer, als ich deutlich seinen ganz spezifischen Geruch wahrnahm. Es war diese eigentümliche Mischung aus Pfeifentabak und seiner Rasierwassermarke. Das machte ihn schon zu Lebzeiten aus, und ich liebte diesen Geruch seit meiner Kindheit. Einige Tage später nahm ich seinen Geruch sogar im Garten wahr. Das Eigentümliche war, dass mir mein Bruder später erzählte, dass er zur gleichen Zeit wie ich Opa gerochen hatte.»

Dieses Beispiel zeigt einmal mehr, dass sich Verstorbene durchaus an mehreren Orten gleichzeitig aufhalten können, da in der geistigen Welt Raum und Zeit aufgehoben sind. Dem menschlichen Verstand fällt es allerdings schwer, sich die Gleichzeitigkeit wirklich vorzustellen.

Symbolische Nachtod-Kontakte

Millionen von Menschen erhalten Zeichen von verstorbenen Angehörigen. Diese Zeichen werden symbolische Nachtod-Kontakte genannt. Sie können in Form von Schmetterlingen, Regenbögen, Naturphänomenen, Blumen oder Tieren auftreten. Dabei stellt sich ein unmittelbares Gefühl von Präsenz ein.

Der Schmetterling gilt als ein spirituelles Symbol für die Auferstehung und das Leben nach dem Tod. Er verwandelt sich aus einer auf dem Boden kriechenden Raupe in ein wunderschönes Insekt, das in die Luft fliegt – vergleichbar mit der Seele im Moment des Todes, die aus dem Körper austritt.

Die Sterbeforscherin Elisabeth Kübler-Ross verwandte das Schmetterlingssymbol, um den Übergang des Menschen in die andere Welt zu umschreiben. In ihrem Buch «Über den Tod und das Leben danach» heißt es, «dass der körperliche Tod des Menschen mit dem Geschehen identisch ist, wie wir es bei dem Heraustreten des Schmetterlings aus dem Kokon sehen können. Der Kokon samt seiner Larve ist der vorübergehende menschliche Körper. Diese sind aber nicht identisch mit Ihnen, sie sind nur ein vorübergehendes Haus, wenn Sie sich das so vorstellen können. Sterben ist nur ein Umziehen in ein schöneres Haus, wenn ich das symbolisch so sagen darf. Sobald der Kokon [...] irreparabel beschädigt ist, wird er den Schmetterling, also Ihre Seele, freigeben. [...] Sobald Sie ein freier Schmetterling sind, [...] werden Sie zuallererst merken, dass Sie alles wahrnehmen, was an dem Ort Ihres Todes ... passiert.»[38]

Kübler-Ross bemerkte viele Schmetterlingszeichen an den Wänden der Konzentrationslager. Dieses Symbole der Hoffnung wurden während des Holocausts von Kindern und Erwachsenen in die hölzernen Wände geritzt.

Schmetterlinge sind ein Symbol für die Präsenz eines Verstorbenen. Folgende Berichte zeugen davon:

«Nach dem Tod meiner Freundin merkte ich, wie sehr sie mir fehlt. Ihre Beerdigung werde ich nie vergessen. Es war im Februar, und ich fror sehr. Als wir in der Kirche waren, strahlte plötzlich die Sonne mit aller Macht durch ein Fenster ein. Der ganze Raum wurde erhellt. Das Verblüffende war, dass sich mitten in diesem Strahl ein Pfauenauge befand. Ich spürte eine tiefe Wärme, als ob meine Freundin mir ein Zeichen geben wollte. Später fragte mich ihr Ehemann, ob auch ich diesen wunderbaren Schmetterling gesehen hätte. Wir mussten beide lächeln, weil auch er die Gegenwart seiner Frau gefühlt und das Zeichen erkannt hatte.»

Eine andere Frau berichtete, dass bei der Beerdigung ihrer Schwester ein großer weißer Schmetterling auf ihrem Sarg war.

Er blieb dort so lange sitzen, bis der Priester seine Gebete gesprochen hatte. Judy Guggenheim zitiert den folgenden Fall:

«Wir hatten uns alle in der katholischen Kirche zum Trauergottesdienst für Onkel Teddy versammelt. Ich betete und dachte an ihn. Plötzlich flatterte ein Schmetterling durch die Reihen und verweilte dann bei uns. Er war sehr hübsch, braun und orangefarben.

Er flatterte um uns her, dann flog er zu meiner Schwester hinüber, die am Klavier saß. Er drehte einen Kreis, dann schwebte er über den Sarg und weiter zum Altar. Schließlich verschwand er einfach.

Es war umwerfend! Ein wahres Wunder! Seit ich diese Kirche besuche, habe ich dort noch nie einen Schmetterling gesehen. Was glauben Sie, in wie vielen Kirchen auf der Welt sich in diesem Moment wohl ein Schmetterling befand?»[39]

Bei einem symbolischen Nachtod-Kontakt ist die Koinzidenz des Zeitpunkts, die Art und Weise des Erscheinens und das ungewöhnliche Verhalten des Schmetterlings ausschlaggebend. Es ist eine subjektive Erfahrung, die allerdings häufig von mehreren Personen gleichzeitig wahrgenommen wird.

Ein weiteres Zeichen ist das ungewöhnliche Erscheinen eines Regenbogens. Ein Regenbogen gilt als zentrales Symbol für Hoffnung; es besagt: Selbst an einem verregneten Tag scheint die Sonne hinter den dunklen Wolken. Durch seine Schönheit verbindet der Regenbogen das Diesseits und Jenseits. Wenn wir einen geliebten Verstorbenen vermissen und traurig sind, kann die Vorstellung eines Regenbogens tröstend sein. Er übermittelt die Botschaft, dass ein Licht hinter den Wolken des Lebens verborgen ist, selbst wenn wir es durch unsere Trauer nicht mehr sehen können:

«Nach dem Suizid meines Sohnes war ich deprimiert und

verzweifelt. Ich konnte nicht verstehen, warum er sich das Leben genommen hatte. Er fehlte mir so sehr. Als ich eines Tages vom Einkaufen nach Hause fuhr, sah ich plötzlich in den grauen Wolken eine Art Kreis, in dem ich einen farbigen Regenbogen erkannte. Da sich mein Erlebnis im Dezember zutrug, war es sehr ungewöhnlich, einen Regenbogen zu sehen. Irgendwie wusste ich einfach: Mein Sohn versucht, mir Trost zu vermitteln. Ich bin mir sicher, dass der Regenbogen ein Zeichen von ihm war. Ich fühlte mich beruhigt und konnte das ewige Grübeln über das Warum beenden.»

Auch andere Naturphänomene werden als Zeichen eines Verstorbenen interpretiert. So wird häufig berichtet, dass die Sonne an einem trüben Herbsttag bei der Beerdigung mit aller Macht hervorbricht oder es ganz plötzlich regnet, obwohl es vorher gar keine Anzeichen für schlechtes Wetter gegeben hatte. Eine Frau schrieb mir dazu:

«Meine Schwester war von ihrem früheren Lebensgefährten ermordet worden. Bei ihrer Beisetzung begann es grauenvoll zu regnen und zu hageln, als wir aus der Kapelle traten. ‹Empörungstränen aus Eis›, sagte die Predigerin dazu.

Nach ihrem Tod kaufte ich einen Engel, der heute auf unserer Terrasse steht. Er weist eine große Ähnlichkeit mit meiner Schwester als Kind auf. Eines Tages in diesem Sommer (2004) traf sich dort die Familie zum Kaffeetrinken. Gedankenverloren schaute ich auf den Engel und sah eine dicke, unübersehbare Träne. Ich habe das Phänomen fotografiert und das Foto diesem Brief beigelegt.»

Blumen sind ebenfalls Symbolträger. Sie werden als nonverbale Nachricht eines Verstorbenen interpretiert, so auch im folgenden Beispiel:

«Der plötzliche Tod meiner Großmutter traf mich sehr.

Eines Nachts erlebte ich überraschend einen Besuch von ihr im Traum. Sie saß an meinem Bett und hielt meine Hand. In Gedanken unterhielt ich mich mit ihr und sprach alles aus, was ich ihr unbedingt noch sagen wollte. Sie antwortete sehr verständnisvoll. Dann sagte sie, dass sie gehen müsse, und verabschiedete sich. Als ich erwachte, sah ich, dass die Rosen, die am Abend vorher verwelkt in der Vase standen, neu erblüht waren. Das kann ich mir bis heute nicht erklären. Aber ich denke, meine Großmutter hat mir einen Gruß hinterlassen. Nach diesem Traum, der für mich ein reales Erleben war, konnte ich mit dem Tod meiner Oma besser umgehen.»

Dieses Beispiel enthält zwei unterschiedliche Komponenten, zum einen die Erscheinung der Großmutter im Traum, also im Schlafbewusstsein, und auf der anderen Seite das reale Phänomen, dass verwelkte Rosen neu erblühen. Es gibt auch Fälle, in denen ein Kaktus im Umfeld des Todes eines Menschen zu einer völlig untypischen Zeit erblüht. Es handelt sich hierbei um Übertragung von Energie, wie auch immer sie zustande kommen mag.

Wir erhalten viel öfter subtile Zeichen aus der anderen Welt, als wir glauben. Allzu oft bemerken wir diese Phänomene überhaupt nicht oder können sie nicht in einen Zusammenhang mit einem Toten bringen. Viele Menschen sind von ihrer Trauer dermaßen vereinnahmt, dass es für die Abgeschiedenen sehr schwer ist, überhaupt zu ihnen durchzudringen.

In Bezug auf Blumen wird häufig auch von einem anderen Phänomen berichtet, das sich direkt im Moment des Todes eines Angehörigen ereignen kann: Blumen knicken ab, die sich in voller Blüte befanden, und ein Wohlgeruch verbreitet sich plötzlich im Raum. Heinz erzählte mir am Telefon:

«Als meine Oma im Sterben lag, war die ganze Familie ins

Krankenhaus gekommen, um von ihr Abschied zu nehmen. Da keiner der Anwesenden genau abschätzen konnte, wie lange das Sterben noch andauern würde, ging die Familie nach Hause, und nur meine Frau und ich blieben bei ihr. Ich weiß noch, dass ihre Atmung immer langsamer wurde und sich dieses typische Rasseln einstellte, bis sie mit einem letzten Seufzer selig lächelnd verschied. Das Eigentümliche war, dass genau in diesem Augenblick alle Blumen gleichzeitig abknickten, obwohl wir ihr diesen Strauß erst am Vormittag mitgebracht hatten. Meine Frau und ich schauten uns erstaunt an, und im selben Moment spürten wir einen intensiven Wohlgeruch im ganzen Raum. Das kann ich mir bis heute nicht erklären.»

Das Phänomen, dass frische Blumen plötzlich abknicken, hat mit der großen Energie zu tun, die im Sterbeprozess für den Übergang in die andere Form des Seins aufgebracht werden muss. In diesem Beispiel hat die sterbende Oma offenbar alle Energie aus dem Blumenstrauß herausgezogen und konnte dadurch den Wohlgeruch im Raum erzeugen. Auch das folgende Beispiel ist überaus typisch:

«Martin war jemand, der nicht das Geringste von Gartenarbeit verstand. Er schaffte es gerade noch, den Rasen zu mähen, obwohl er sogar dabei einmal mit dem elektrischen Rasenmäher das Kabel durchschnitt.

Eines Nachmittags, ungefähr sechs Jahre vor seinem Tod, kam er mit einem Stock in der Hand nach Hause. Er sagte: ‹Darlene, aus dem wird mal ein blühender Pflaumenbaum.› Ich sagte: ‹Du machst wohl Witze!›

Er pflanzte den Stock direkt vor dem Küchenfenster in die Erde. Manchmal redete er mit ihm, und siehe da, er wuchs. Er entwickelte sich zu einem großen, schönen Pflaumenbaum, aber er bekam nie Knospen oder Blüten.

Martin starb an Thanksgiving. Am Ostermorgen des nächsten Jahres stand ich früh auf, ging in die Küche und sah aus dem Fenster. Ich traute meinen Augen nicht! Martins Baum war von Millionen leuchtend rosaroter Blüten bedeckt. Er sah umwerfend aus!

Mein Mann glaubte nicht an ein Leben nach dem Tod oder an Gott. Deshalb fand ich es interessant, dass so etwas ausgerechnet am Ostersonntag passiert ist. Für mich steht außer Frage, dass der blühende Pflaumenbaum seine Wiedergeburt symbolisiert.»[40]

Nicht nur durch die Pflanzen-, sondern auch durch die Tierwelt nehmen Verstorbene Kontakt zu uns auf. In zahlreichen symbolischen Nachtod-Kontakten spielen Vögel, Rotkehlchen, Möwen, Krähen, Eichelhäher usw. eine besondere Rolle.

«Mein Mann liebte das wunderbare Buch von Jonathan Bach, ‹Die Möwe Jonathan›. Herbert war überraschend an einer seltenen Krebsart erkrankt und starb innerhalb weniger Wochen mit nur fünfunddreißig Jahren. Ich war absolut verzweifelt und überfordert. Es war etwa fünf Wochen nach seinem Tod, als ich alleine draußen im Garten saß. Auf einmal erblickte ich die größte Möwe, die ich jemals gesehen habe. Nie zuvor hatte ich bei uns eine Möwe gesehen, da wir nicht am Meer leben. Sie schaute mich an, als wolle sie sagen: ‹Es ist alles in Ordnung.› Mir war völlig klar, dass die Möwe ein Zeichen von Herbert war. Ich fühlte mich dadurch aufgerichtet und getröstet.»

Viele Menschen sagen aus, dass ein bestimmter Vogel nach dem Ableben eines Angehörigen immer wieder in unterschiedlichen Situationen auftauchte. Schon im alten Ägypten glaubte man, dass sich Verstorbene über Tiere bemerkbar machen.

Nichts im Leben geschieht zufällig, denn hinter allem Sein steht ein größerer geistiger Sinnzusammenhang. Wenn wir offen sind für die Fügungen oder Synchronismen unseres Lebens, können wir darin gelegentlich auch Zeichen von Verstorbenen erkennen. Typisch dafür ist der folgende Bericht von Beate:

«Ein guter Freund war nach einer langjährigen Krebserkrankung verstorben. Er lebte damals in Italien, ich in der Schweiz. Ich war mir nicht sicher, ob ich zu seiner Beerdigung reisen sollte. Eines Abends ging ich an mein Bücherregal, um nach einem bestimmten Buch zu schauen, als mir buchstäblich ein quer liegendes Buch entgegenfiel. Ich nahm es in die Hände und schlug es auf. Was ich fand, war eine alte Ansichtskarte, die mir mein verstorbener Freund vor einigen Jahren geschickt hatte. Die Abbildung zeigte die Kirche, in der seine Trauerfeier stattfinden sollte. Ich empfand dies als ein eindeutiges Zeichen, zu seiner Beerdigung zu fahren.»

Andere berichten, dass sie am Geburtstag oder Todestag auf ähnlich wundersame Weise ein Zeichen erhalten haben. Das kann in Form eines Briefes oder eines anderen bestimmten Gegenstands sein. Aber immer haben diese Dinge direkt mit dem Verstorbenen zu tun, und sie fallen uns scheinbar «zufällig» in die Hand.

Ein weiteres, vielleicht nicht ganz so häufiges Phänomen ist die so genannte Bildumwandlung. Dabei wird von den Erlebenden, völlig unabhängig voneinander, aber übereinstimmend in den Grundaussagen, berichtet, dass sich das Foto eines Verstorbenen in sein lebendiges Antlitz verwandelt hätte. Es beginnt sozusagen ein Eigenleben, und man sieht Bewegungen auf dem Foto, besonders im Augenbereich. Das mag auf den ersten Blick durchaus an ältere Gruselfilme erinnern, und doch werden derartige Erlebnisse geschildert.

Maria erzählte in einem Seminar: «Meine Tochter Amelie starb im Februar 2003 an einem Überdruck der Lungengefäße, die sich verhärtet und dadurch die Blutzufuhr zum Herzen gestoppt hatten. Sie war nur zwölf Jahre alt. Kurz nach ihrem Tod geschah Folgendes: Es war spät abends. Ich habe gelesen, als ich auf das Bild meiner Tochter schaute. Plötzlich hat sich ihr Gesicht im Rahmen bewegt, als ob es hin und her spränge. Ich bekam Angst und blickte weg. Verunsichert schaute ich erneut auf das Bild, und schon bewegte sich ihr Gesicht wieder hin und her. Von diesem Zeitpunkt an ereignete sich das Phänomen der Bildumwandlung immer wieder. Später sah ich hellgelbe Lichtbalken, die um ihr Gesicht hüpften. Es geschieht manchmal drei- bis viermal täglich, manchmal auch nachmittags, wenn ich auf meinen Mann warte. Das Phänomen kündigt sich durch Klopfzeichen in der Zentralheizung an. Dann verwandelt sich Amelies Bild. Für mich ist es, dass meine Tochter sagen will: ‹Ich bin nicht tot. Ich bin immer bei dir.› Mein Mann und mein Sohn haben nichts gesehen. Aber mein Schwager war ein paar Mal dabei und erlebte die Phänomene selbst mit. Ich habe eine besonders innige Beziehung zu Amelie gehabt. Ich weiß, dass ich sie nach meinem Tod wiedersehen werde.»

Diese vielfältige Zusammenstellung möglicher Zeichen verweist darauf, dass die Verstorbenen sich bemühen, uns einen Hinweis ihrer Gegenwart zu geben. Die Interpretation und das Erkennen eines symbolischen Kontakts hängt freilich von den Betroffenen ab und davon, ob sie das Zeichen zu deuten vermögen. Wenn wir jedoch mit offenem Herzen um ein Zeichen bitten oder darum beten, wird uns diese Bitte in vielen Fällen tatsächlich erfüllt. Dadurch zeigen wir unsere Offenheit und unsere Bereitschaft, ein Zeichen der Anwesenheit eines Verstorbenen anzunehmen.

Im letzten Kapitel dieses Buches können Sie erfahren, wie Sie sich auf einen Nachtod-Kontakt einstellen können.

Die Wahrnehmung von Tieren

Menschliche Erfahrungen und Beobachtungen belegen, dass der Mensch durch seine Geistigkeit den Tod überlebt. Er ist in seinem Wesenskern unsterblich. Das zeigt sich in besonderer Art bei Wiederbegegnungen mit Verstorbenen. Diese Manifestationen von Verstorbenen ereignen sich nicht nur in den ersten Tagen nach deren Tod, sondern treten, das haben die bisherigen Beispiele gezeigt, sogar noch nach Monaten oder gar vielen Jahren auf. Die Toten werden vor allem dann gesehen und gehört, wenn es für die Lebenden notwendig ist. Verstorbene nehmen Kontakt zu uns auf, weil sie ein gegebenes Wort einlösen wollen oder um die Fortdauer ihrer Existenz zu bekunden. Die Verbindungen zwischen Toten und Lebenden kann auch durch ein anwesendes Tier, zum Beispiel einen Hund oder eine Katze, bestätigt werden, da Tiere über paranormale Wahrnehmungsfähigkeiten verfügen. Man schreibt ihnen die Gabe zu, die Anwesenheit Verstorbener früher und eindeutiger als Menschen zu fühlen. Tiere haben allerdings vor diesen Phänomenen meistens Angst. Deswegen ziehen sie sich aus der Nähe der Erscheinungen zurück und bellen, heulen, winseln oder fauchen. Manche Hunde begrüßen das Erscheinen eines verstorbenen Herrchens aber auch durch freudiges Jaulen, Bellen oder Schwanzwedeln. Im folgenden Beispiel erzählt eine Frau von dem merkwürdigen Verhalten ihres Hundes nach dem Tod ihres Mannes:

«Ich saß mit meinem Cockerspaniel ruhig auf dem Sofa. Mein Mann war erst vor wenigen Wochen gestorben, und ich empfand eine große Traurigkeit. Ich hing meinen Gedanken nach, als mein Hund plötzlich aufsprang und laut winselnd durch das Zimmer lief. Er verkroch sich hinter einem Sessel und fing an zu jaulen. In diesem Moment spürte ich die Anwesenheit meines verstorbenen Mannes. Er hüllte mich in Liebe ein und gab mir telepathisch zu verstehen, dass alles gut wird. Mein Hund muss seine Gegenwart schon vorher gespürt haben.»

Hier ein weiteres, sehr prägnantes Beispiel, wie eine Katze auf den Tod ihres Herrchens reagiert:

«Mein Mann starb einen Sekundentod durch einen Herzinfarkt. In der Woche davor waren wir noch im Urlaub gewesen. Freitagabend sind wir zurückgekehrt, und er starb in der Nacht von Samstag auf Sonntag. Es war unsere Katze, die mich gegen halb sieben am Sonntag aufweckte. Sie trat ganz aufgeregt auf mir herum, was sie noch nie getan hatte, als ob sie mir sagen wollte: ‹Nun komm doch endlich.› Erstaunt stellte ich fest, dass das Bett neben mir leer war. In diesem Moment wusste ich, dass irgendetwas nicht stimmte. Ich lief die Treppe hinunter und stellte fest, dass noch alle Lichter brannten. Selbst der Fernseher lief noch. Mein Mann saß tot im Fernsehsessel.

Am meisten erstaunte mich in den folgenden Tagen das Verhalten unserer Katze. Sie sprang immer wieder auf den Wohnzimmertisch, ein völlig atypisches Verhalten für sie, und starrte auf eine bestimmte Ecke im Wohnzimmer. Dann legte sie beide Ohren nach hinten, als ob sie in Angriffsstellung ginge. Sie war offensichtlich total verunsichert und fürchtete sich. Dieses merkwürdige Verhalten erstreckte sich über einen Zeitraum von drei Tagen, immer zur gleichen Zeit. Ich selbst hatte das Gefühl, dass eine Präsenz im Raum – es war mein Mann, wie ich heute weiß. Er vermittelte mir, dass es ihm gut geht. Das gab mir die Möglichkeit, seinen Tod zu verkraften.»

Selbstverständlich leben auch Tiere nach ihrem Tod weiter. Siehe hierzu auch S. 120.

Erscheinungen, Licht- und Spiegelphänomene

Erscheinungen Verstorbener

Die Erscheinungen Verstorbener belegen über alle Zeiten hinweg, dass eine seelisch-geistige Persönlichkeit nach dem Tod weiterbesteht. Die seelische Essenz des Menschen ist unzerstörbar und unabhängig von körperlichen Defekten. Das entspricht durchaus den biblischen Verheißungen. Jesus sagte dazu: «Blinde sehen, Lahme gehen, Aussätzige werden rein, Taube hören, Tote stehen auf ...» (Lukas 7,22).

Erscheinungen sind viel häufiger, als die meisten von uns annehmen. Wir unterscheiden zwischen partiellen und vollständigen Erscheinungen. Bei den partiellen Erscheinungen wird nur ein Teil des Körpers gesehen: das Gesicht, die Augen, Lichtphänomene oder eine unterschiedliche Festigkeit des Körpers, der sich von einem durchsichtigen Nebel bis hin zu einer lebensecht wirkenden Gestalt zeigen kann.

«Michael starb mit vierundzwanzig Jahren durch einen Verkehrsunfall. Drei Monate nach seinem Tod erschien mir eines Abends im Wohnzimmer ein Licht. Ich sah darin sein Gesicht, die Augen, das Lächeln, so wie ich ihn geliebt habe. Sein Gesicht war von diesem Licht eingehüllt. Ich hätte ihn so gerne umarmt, doch er schüttelte nur den Kopf. Er sah übernatürlich schön aus und schien sehr glücklich zu sein. Dann verschwand das Licht mit seinem Gesicht, so wie es gekommen war. Dieses Erlebnis hat mich sehr beruhigt.»

Nachtod-Kontakte, die mit einem Licht verbunden sind, treten häufig auf. Es kann sein, dass sie die Erlebenden verunsichern.

«Kurz nach dem Krebstod meines Vaters hatte ich nacheinander zwei Erscheinungen. Ich schlief tief und fest, als ich durch ein helles, strahlendes Licht aufgeweckt wurde. Ich war sehr verwirrt. Erst dachte ich, dass ich das Licht angelassen hätte. In diesem hellen Licht sah ich das Gesicht meines Vaters. ‹Das kann nicht sein›, dachte ich. Einige Tage später wiederholte sich das Phänomen, doch ich hatte einfach nur Angst und sagte laut: ‹Bitte, lass mich in Ruhe!› Danach hörten die Erscheinungen auf. Heute weiß ich, dass mein Vater sich verabschieden wollte und ich keine Angst zu haben brauchte.»

Wenn wir uns unsicher oder ängstlich fühlen oder durch einen Kontaktversuch überfordert sind, können wir den Verstorbenen bitten, uns in Ruhe zu lassen. Im nächsten Fall scheint die verstorbene Oma noch unerledigte Dinge hinterlassen zu haben:

«Unsere Großmutter ist kürzlich gestorben. Kurz nach ihrem Tod sah ich immer wieder ihre beiden Augen bis zur Höhe der Nase. Sie blickten mich unendlich traurig an, und ich fühlte mich beobachtet. Es war irgendwie unheimlich, und doch wusste ich mit absoluter Sicherheit: Das ist die Oma! Ich fragte mich, warum sie so traurig schaute. Das Phänomen trat an mehreren Tagen hintereinander auf. Ich wusste nicht, was ich tun sollte, doch dann bestellte ich eine Messe. Danach hörte die Erscheinung auf. Das Verblüffende für mich war, dass meine Tante zur gleichen Zeit ganz genau dasselbe mit meiner Oma erlebte.»

Die meisten vorliegenden Erfahrungen berichten jedoch von einer Erscheinung in vollständiger Gestalt. Dabei wird der Körper des Verstorbenen als feststofflich und lebensecht beschrieben. Die Verstorbenen sehen aus wie in der besten Zeit ihres Lebens. Sie sind ganz und heil, auch wenn Behinderungen oder ein auszehrendes Leiden vorangegangen sind. Gelegentlich tragen sie ein Kleidungsstück, das sie besonderes geliebt haben. Andere erscheinen in ihrer Arbeitskleidung oder in dem Anzug oder dem Kleid, in dem sie beerdigt worden sind. Für die Angehörigen ist das vertraute Aussehen der Verstorbenen von großer Bedeutung, da sie dadurch von der Realität der Erscheinung überzeugt werden. Dazu zwei Beispiele:

«Nach dem Tod meines jüngsten Sohnes erschien er mir in lebensechter Gestalt. Ich stand auf dem Schulhof, um meine beiden Töchter abzuholen, als er plötzlich auf mich zugerannt kam. Was mich am meisten verblüffte, war, dass er sein über alles geliebtes, ausgewaschenes rotes T-Shirt trug sowie seine schwarze Jeanshose. Sein Haar glänzte in der Sonne, und er sah hinreißend aus. Ich hatte mir immer Sorgen gemacht, da er durch den Unfall stark verstümmelt worden war.»

«Meine Tante war immer eine sehr attraktive und gepflegte Frau gewesen. Sie starb völlig unerwartet nach einem Herzinfarkt. Ich vermisste sie sehr. Ich saß im Wohnzimmer, als sie mir eines Abends erschien. Sie war genauso zurechtgemacht wie zu ihren Lebzeiten. Vielleicht hätte ich die Erscheinung für eine Einbildung gehalten, doch sie trug genau das Kleid, in dem wir sie beerdigt hatten. Meine Tante konnte nicht wissen, welches Kleid wir ihr angezogen hatten. Insofern überzeugte mich dieses Erlebnis vom Weiterleben nach dem Tod.»

Erscheinungen sind sehr machtvolle Erfahrungen, welche die Einstellungen über Leben und Tod verändern können. Die Toten zeigen uns, dass sie unabhängig von ihrem Alter oder der Todesursache wohlauf und geheilt sind.

Im Rahmen einer Untersuchung von Nahtod- und außer-körperlichen Erfahrungen bei Blinden haben Kenneth Ring und Sharon Cooper herausgefunden, dass diese während ihrer Nahtod-Erfahrung sehend waren. Eine entsprechende Studie erschien Anfang 1997 in den USA; eine deutsche Übersetzung liegt noch nicht vor.

Nahtod-Erfahrungen bei Menschen, die von Geburt an blind waren, verlaufen genauso wie bei Sehenden – mit einem Unterschied: Zuvor konnten viele der Blinden erkennen, welche Farbe z. B. die Kleidung von Anwesenden hatte, einige jedoch konnten zwar sehen, aber keine Farben ausmachen. Interessanterweise ist die Begegnung mit Licht besonders intensiv: So konnten viele Blinde dieses nicht nur sehen, sondern auch fühlen.

Manche Blinde wurden sich bewusst, dass da bestimmte Menschen waren, die sie im Leben gekannt hatten. So begegneten einer jungen Frau zwei Mitschülerinnen, die Jahre zuvor gestorben waren. Diese waren nicht nur blind, sondern auch schwer geistig behindert. Nun sahen sie gesund und vital, licht und schön aus. Sie waren keine Kinder mehr, sondern in der Blüte ihrer Jahre. Bei diesen Begegnungen wurden keine Worte ausgetauscht, sondern nur Gefühle – Gefühle von Liebe und Willkommensein. Auch der Lebensrückblick wurde ‹gesehen›: «Das Wesen sagte zu ihr: ‹Aber zuvor schau dir noch dies an.› Was Vicki dann sah, war ihr ganzes Leben, von Geburt an. Während sie zuschaute, gab das Wesen sanft Kommentare ab, die ihr die Bedeutung ihrer Handlungen und deren Auswirkung verstehen halfen.»[41]

Achtzig Prozent der untersuchten Blinden erklärten, dass sie während der Nahtod-Erfahrung visuelle Wahrnehmungen gehabt haben.

Die berühmte Künstlerin und Blinde Helen Keller drückte diesen Umstand einmal so aus: «Der Tod ist lediglich ein Durchgang von einem Raum in einen anderen. Aber für mich besteht ein Unterschied, müssen Sie wissen. Denn in jedem anderen Raum werde ich sehen können.»[42]

Hier nun einige weitere typische Beispiele für Erscheinungen:

«Als ich sechzehn Jahre alt war, verstarb mein Vater. Damals konnte ich seinen Tod nicht akzeptieren und ging jeden Tag auf den Friedhof, wo ich oft Stunden verbrachte. Eines Tages erschien er mir mitten am Tag. Ich war sehr überrascht und sah ihn wirklich, wie in der besten Zeit seines Lebens. Bei der Erscheinung sah er mich lächelnd an und sagte den einen Satz, den ich nie vergessen werde: ‹Ich liege nicht im Grab.› Damit bedeutete er mir, dass er weiterlebt und um mich ist. Ich war erleichtert und konnte endlich seinen Tod akzeptieren.»

Im folgenden Fall erzählt eine Mutter von einer sehr befreienden Begegnung mit ihrem verstorbenen Sohn. Er war lebenslang schwer körperlich und geistig behindert gewesen.

«Nach seinem Tod sah ich ein hellblaues, goldenes Licht von einem immensen Glanz. Ich kann diese Farben nicht beschreiben. Das Wesen in diesem Licht war mein 7-jähriger Sohn, von dem ich dachte, dass er gar nichts wahrnimmt. Jetzt spürte ich seine wahre Größe und Schönheit. Ich wusste, jetzt – in diesem Zustand – ist er von allen Begrenzungen seines Körpers befreit. Er konnte lachen, tanzen und fröhlich sein. Er wirkte unendlich gelöst. Er war vollständig, wie ich ihn während seines Lebens nie gekannt habe.»

Wenn Eltern ein Kind durch einen tragischen Unfall verloren haben, sind sie manchmal so verbittert, dass sie aus lauter Verzweiflung nicht mehr leben wollen. Sie wollen und können den Tod ihres Kindes nicht akzeptieren. Durch Erscheinungen machen die Verstorbenen ihre Angehörigen darauf aufmerksam, dass deren Zeit noch nicht gekommen ist. Es wird ihnen nicht erspart bleiben, durch den Schmerz hindurchzugehen. Alles in unserem Leben hat einen tieferen Sinn, auch wenn wir diesen nicht immer verstehen. Verluste, Leid und Schmerz gehören zu unserem Leben. Wenn wir einen Verlust akzeptieren, wenn wir ihn annehmen, können wir an den tragischen Umständen oder Ereignissen unseres Lebens wachsen. Das konfrontiert uns mit den Wendepunkten unseres Lebens. Nachtod-Kontakte helfen dabei, mit einem Verlust, und sei er noch so schmerzhaft, ins Reine zu kommen.

Kinder melden sich aus dem Jenseits

Zahlreiche Eltern berichten in Seminaren, Trauer- oder Selbsthilfegruppen für verwaiste Eltern davon, wie tröstlich und hilfreich ein spontaner Kontakt mit ihrem verstorbenen Kind für sie gewesen ist. Wenn ein Kind plötzlich stirbt, z. B. durch einen Unfall oder den plötzlichen Kindstod, fehlt den Eltern oft jegliche Möglichkeit, sich verabschieden zu können. Ein solcher Verlust wird als besonders grausam oder hart empfunden, weshalb ich den Nachtod-Kontakten mit Kindern ein eigenes Kapitel widmen möchte.

Es gibt Eltern, die den Augenblick des Todes ihres Kindes bewusst psychisch miterlebt haben. Derartige Erlebnisse sind mit dem Gefühl verbunden, dass irgendetwas Schreckliches geschehen ist oder etwas mit dem betroffenen Kind nicht stimmt. Eine Frau, deren erst zehn Tage alte Tochter wegen Komplikationen im Krankenhaus bleiben musste, erzählte:

«Ich schlief fest, aber um zwei Uhr morgens saß ich plötzlich kerzengerade im Bett, und mir war augenblicklich klar, dass etwas passiert sein musste. Ich war sehr in Sorge. Ich wusste nicht, warum ich mich aufgerichtet hatte, und dann spürte ich, wie Susannes Seele im Raum war. Sie wollte mir mitteilen, dass sie gegangen war. Zwanzig Minuten später klingelte das Telefon. Das Krankenhaus teilte mir mit, sie sei um zwei Uhr gestorben – das war der Augenblick, als ich mich im Bett aufrichtete.»[43]

Andere sehen ihr sterbendes Kind im Augenblick des Todes vor sich. Die Psychologin Cherie Sutherland zitiert in ihrem Buch einen Vater, der nachts aufwachte und seine Tochter am Fußende des Bettes stehen sah:

«‹Genau um Mitternacht hatte ich so ein komisches Gefühl, eine Art nervöse Erregung. Ich schlug die Augen auf, und da stand meine Tochter am Fußende des Bettes. Sie strahlte so hell, dass es aussah, als stünde sie lichterloh in Flammen ... Ich weiß nicht, warum, aber mir war klar, dass sie gestorben war.› Als er versuchte, sie an ihrem 1500 Kilometer entfernten Wohnort anzurufen, erfuhr er, dass sie knapp eine Stunde vorher im Krankenhaus gestorben war.»[44]

Eine Mutter, deren 5-jähriger Sohn bei einem Autounfall ums Leben kam, berichtete in einem Seminar:

«Dirk war mit seinen Freunden zum Spielplatz gegangen. Plötzlich sah ich ihn als hellen Schatten an mir vorbeilaufen.

Ich konnte erst nicht glauben, was ich sah. Irgendwie wusste ich, dass ihm etwas geschehen war. Dann verschwand die Vision. Kurz darauf stand die Polizei vor der Tür, um mir seinen Tod mitzuteilen.»

Geschwister nehmen häufig den Augenblick des Todes von ihrer Schwester oder ihrem Bruder wahr:

«Die 10-jährige Christine schlief mit ihrer kranken Schwester Doris in einem Raum. Eines Nachts träumte sie von Doris, die vor ihr stand, sie anlächelte und sich dann winkend verabschiedete. Am nächsten Morgen fand die Mutter Doris tot im Bett. Christine hatte den Tod ihrer Schwester Doris miterlebt.»

Kinder bis zu sechs Jahren verfügen über besondere Fähigkeiten, Verstorbene wahrzunehmen. Sie haben noch offene Kanäle zur geistigen Welt. Die Sterbeforschung hat diese Tatsache besonders im Umgang mit sterbenden Kindern immer wieder dokumentiert: Kinder wissen, wann sie sterben, und bereiten die Eltern auf ihren Tod vor. Anders als Erwachsene gehen Kinder sehr viel unbefangener mit dem eigenen Sterben um. Sie haben weniger Angst, da sie sich getragen fühlen. Genauso sind sie imstande, Verstorbene oder Geistwesen wahrzunehmen.

«Nach dem Tod meines 22-jährigen Sohnes Bernd saß ich eines Tages mit seiner Freundin und ihrem 2-jährigen Sohn in der Küche. Bernd und der Junge hatten ein sehr herzliches Verhältnis gehabt. Plötzlich zeigte das Kind in die Ecke des Raumes und schrie vergnügt: ‹Da ist Bernd.› Seine Freundin erbleichte. Der Kleine sprang auf, rannte ins Wohnzimmer und danach ins Bad. Dabei schrie er immer wieder, fast jubilierend: ‹Bernd, Bernd!› Als er dann die hintere Ecke im Bad erreicht hatte, sagte er: ‹Jetzt ist er fort.› Mich hat dieses Erlebnis ungeheuer beeindruckt, und es half mir, an Bernds Weiterleben zu glauben.»

Während der Totgeburt ihres Sohnes erlebte eine Frau

eine besonders intensive Nahtod-Erfahrung. Außerhalb ihres Körpers spürte sie die Gegenwart ihres Sohnes. Dieser Bericht zeigt, dass eine Seele immer ganz und heil ist, selbst wenn ihre körperliche Hülle noch im Mutterleib starb.

«Das Letzte, was ich bewusst erlebte, war das körperliche Gefühl, ihn zur Welt zu bringen. Ich weiß noch, dass ich dachte: ‹Das Gefühl kommt mir bekannt vor – das Kind ist da.› Aber dann umfing mich warme, absolute Schwärze, und ich hatte das Gefühl, als bewegte ich mich nach links hinten, mit dem Kopf zuerst, ‹physisch› war ich vollkommen behütet und mit der Umgebung ganz und gar in Einklang. Dann begann eine Art ‹Gespräch› über das Für und Wider des ‹Weiterlebens›. Es wird als ‹gedanklich-geistige Kommunikation› beschrieben.

Wer könnte dem wundervollen Gefühl des Dazugehörens schon widerstehen? Ich dachte: ‹Ich könnte bei meinem Kind sein! Ich könnte mich zu ihm und auch zu meiner Großmutter gesellen!›

Ich bin mir nicht sicher, ob ich ihn oder meine Großmutter wirklich gesehen habe. Aber ich habe tatsächlich ein paar Leute vor mir stehen sehen. Mir war, als stünden sie auf einem Hügel, sie zeichneten sich dunkel vor einem blassen Hintergrund ab. Ich glaube nicht, dass ich jemanden im körperlichen Sinne erkannt habe. Aber ich hatte das bestimmte Gefühl, mein Kind und meine Großmutter stünden auf der rechten Seite der Gruppe. Mir war, als würden mich alle verstehen und akzeptieren. Abgesehen von dieser Erfahrung bestand das zentrale Erlebnis meiner NTE für mich darin, dass ich wusste, ich würde bei meinem Kind sein.

Ich war froh, ganz und gar bei ihm zu sein. Ich weiß noch, dass ich mich über die Begegnung mit ihm ganz besonders freute. Es ging ihm zweifellos gut, und er ruhte in sich. Eigentlich war es genau das, was mich zu der Überlegung führte, was meine anderen Kinder und mein Mann wohl brauchten, und ich beschloss, wenn auch zögernd, wieder umzukehren.

Während dies alles geschah, so erfuhr ich später, wäre ich fast verblutet. Und als ich zurückkehrte, war mein Kind abgesaugt und die Nabelschnur durchtrennt. Es dauerte einige Jahre, ehe mir bewusst wurde, dass mir das Geschlecht des Kindes bereits bekannt gewesen war. Ich wusste, dass ich bei ‹ihm› gewesen war. Noch später fragte ich mich, warum ich da nicht auch seinen Namen schon kannte. Aber er bekam ihn wohl erst später am Tag. Wir nannten ihn Gerard, und wir hatten ihn sehr gern. Einige Wochen später haben wir ihm Lebewohl gesagt und ihn beerdigt.»[45]

Verstorbene Kinder werden von vorangegangenen Familienangehörigen auf der anderen Seite in Empfang genommen und mit offenen Armen freudig begrüßt. Wenn wir uns der Hilfe der geistigen Welt bewusst werden, lässt sich daraus schließen, dass Kinder auch nach ihrem Tod geistig, spirituell und emotional wachsen. Das zeigt sich im folgenden Beispiel:

«Meine Vision ereignete sich etwa fünf Tage nach Laurens Tod, während ich Auto fuhr. Meine Augen waren offen, und ich blickte auf die Straße vor mir.

Plötzlich sah ich bildhaft, wie meine Tochter auf den Knien meines Vaters saß! Er hatte einen Arm um sie gelegt. Lauren trug ein rosarotes Kleidchen und lächelte glücklich. Meine Großmutter stand neben ihnen, und hinter meinem Vater war noch mein Onkel. Im Hintergrund befanden sich andere Verwandte, die schon gestorben waren. Es war ein sehr stiller Ort, und alle waren glücklich.

Dem Gesichtsaudruck meines Vaters konnte ich entnehmen, dass er sehr stolz auf Lauren war. Die Vision endete, als mein Vater sagte: ‹Es geht ihr gut.› Ich lächelte, und das Bild verblasste allmählich.

Ich war ungemein erleichtert, als wäre mir eine Last von den Schultern genommen worden. Lauren war glücklich, und man kümmerte sich um sie. Ich wusste, sie war jetzt bei meiner Familie und empfand tiefen Frieden.»[46]

Es gibt zahlreiche Berichte darüber, dass ein Kind während eines Nachtod-Kontakts bedeutend älter ist als vor seinem Tod. Das zeigt in aller Deutlichkeit, dass auch Kinder nach ihrem Tod jedes beliebige Aussehen und Alter annehmen können. In einem Bericht heißt es:

«In dieser Zeit hatte ich einen Traum. Ich war in einem Restaurant, in dem alles für eine große Party hergerichtet war. Ich ging zum Buffet, und da stand Bryan! Er war nicht mehr der dünne, 12-jährige Junge. Er war bestimmt 1,80 Meter groß und sah aus wie ungefähr 25. Er wirkte gesund und robust. Er kam mir sehr glücklich, zufrieden und selbstsicher vor.

Bryan lächelte mich an, streckte die Arme nach mir aus und umarmte mich. Ich spürte ihn – er war vollkommen real! Ich hielt ihn fest und konnte mich an seiner Schulter ausweinen. Ich sagte: ‹Bryan, was tust du hier? Du siehst so gut aus!› Er sagte: ‹Es geht mir gut, Mutter. Ich musste zurückkommen, um dich an das zu erinnern, was du mir beigebracht hast.›»[47]

Lichtphänomene

Die Erscheinungen Verstorbener gehen in der Regel mit Lichtphänomenen einher. Ein junger Mann, der an Aids gestorben war, erschien seinem Lebensgefährten in einem weißen Licht:

«Es war ungefähr ein Uhr oder zwei Uhr nachts, und ich schlief tief und fest in meinem Schlafzimmer, als mich eine plötzliche Helligkeit weckte. Es war, als würde mir jemand mit einer Taschenlampe ins Gesicht leuchten – so hell war es!

Als ich die Augen aufmachte, stand Robert direkt neben meinem Bett, nur wenige Zentimeter von mir entfernt. Seine Gestalt war von einem intensiven weißen Licht umgeben; es kam aus ihm heraus, tat aber meinen Augen nicht weh. Der Rest des Zimmers war stockdunkel, ich hatte jedoch keine Angst. Dann passierten viele Sachen gleichzeitig. Ich konnte zwar nicht richtig durch ihn hindurchsehen, aber er war auch nicht ganz fest. Um seinen Körper bewegten sich so was wie Luftwirbel, schwer zu sagen. Er trug eine Art langes Gewand, vielleicht mit einer Kapuze.

Robert strahlte eine intensive Liebe aus, die mich ganz und gar durchdrang, als würden sich unsere Energien vermischen. Jede Faser meines Körpers empfand Liebe – vollkommene Liebe, vollkommenes Verständnis und Mitgefühl, ganz anders als das, was wir hier erlebten. Es war eine richtig kosmische Erfahrung!

Er hatte sehr schöne Augen, auffällig schöne Augen. Mit der linken Hand berührte ich seinen rechten Arm und spürte eine starke Hitze von seinem Körper abstrahlen. Ich spürte auch eine starke Schwingung.

Dann nahm Robert meinen linken Arm, legte ihn wieder neben meinen Körper und verschwand einfach. Das Licht verschwand mit ihm – ganz plötzlich, als hätte man es ausgeknipst. Von allen Geschenken, die Robert mir je gemacht hat, war das das schönste. Es war heilsam, und jetzt habe ich keine Angst mehr vor dem Tod. Alles, was ich je von Elisabeth Kübler-Ross über dieses Thema gelesen habe, hat sich bewahrheitet.

Ich werde jedem Skeptiker gegenüber bezeugen, dass dieses Erlebnis wirklich stattgefunden hat.»[48]

Robert ist nicht nur von einem intensiven weißen Licht umhüllt, sondern verfügt über eine starke energetische Ausstrahlung. Seine Liebe wirkt bis ins Physische hinein, sodass der Erlebende von einer kosmischen Erfahrung spricht; er empfindet sogar eine regelrechte Verschmelzung mit dem Licht, so wie es auch viele Menschen bei ihren Nahtod-Erfahrungen beschreiben. Ingeborg schilderte mir in einem Brief ein ganz ähnliches Erlebnis:

«Drei Wochen nach dem Tod meines Mannes lag ich nachts wach im Bett. Eine Fülle von Licht, ähnlich einer riesigen Wolke, nahm die ganze andere Hälfte des Bettes ein. Das Licht war gleißend, und ich wusste, das kann nur mein Mann sein. Ich empfand Frieden, Wärme und Geborgenheit. Ich weiß nicht, wie ich es beschreiben soll, aber dieses Licht verschmolz mit mir. Ich war so glücklich wie noch nie zuvor in meinem Leben. Dieses Erlebnis war derart intensiv und von einer solchen überirdischen Liebe geprägt, dass es mir den Eindruck vermittelte, dass mein ganzes schweres Leben sich für diesen einen Augenblick gelohnt hat. Ich weiß jetzt, dass das Licht der Ort ist, an dem wir weiterleben werden.»

Verstorbene sind sich unserer Liebe bewusst, wo immer wir uns auch aufhalten mögen. Sobald der Körper verlassen wird und sie an uns denken, sind sie in unserer Gegenwart.

Viele Menschen fühlen sich schuldig, wenn sie beim Tod eines Angehörigen nicht anwesend waren oder nicht zur Beerdigung gehen konnten. Verstorbene übermitteln, dass derartige Schuldgefühle unnötig sind. Sie wissen aus einer höheren Sicht der Dinge, warum und wieso wir möglicherweise verhindert waren. Dies zeigt auch der folgende Fall:

«Mein Schwiegervater starb um vier Uhr morgens, und wir wurden kurz darauf benachrichtigt. Dad und ich hatten uns sehr, sehr nahe gestanden – wir verstanden uns sogar besser als er und mein Mann.

Ich fuhr meinen Mann zum Flughafen, damit er an der Beerdigung teilnehmen konnte. Ich wollte unbedingt auch hingehen, aber ich erwartete unser erstes Kind, und mein Arzt wollte mich nicht reisen lassen.

Als ich nach Hause zurückkam, war ich erschöpft und legte mich aufs Bett, um mich auszuruhen. Und da erschien in der Ecke, direkt vor der Schranktür, auf einmal Dad! Sein Körper hatte klare Umrisse, und er leuchtete. Er trug Hosen und ein offenes weißes Hemd, aber er war durchsichtig. Dad sagte: ‹Es geht mir gut. Ich fühle mich wohl. Es macht nichts, dass du nicht zu meiner Beerdigung kommen kannst.›

Ich glaube, er wollte mich wissen lassen, dass er sehr glücklich und lebendig war. Ich spürte, wie viel Liebe von ihm ausging – dieses Gefühl war sehr stark. Mir war so etwas noch nie passiert, aber ich hatte überhaupt keine Angst.»[49]

Visionen

Erscheinungen sind in einigen Fällen mit Visionen verbunden. Visionen sind Bilder aus der Innenwelt, durch welche die Betroffenen Einblicke in jenseitige Bewusstseinszustände vermittelt bekommen. Sie können auch durch intensive Meditationen, Gebete oder Entspannungszustände erlebt werden. Zahlreiche Visionen treten im Zusammenhang mit Lichtphänomenen auf. Wir unterscheiden zwei Formen von Visionen: Zum einen treten die Toten im Außen wie eine Diaprojektion in Erscheinung oder als Hologramm, zum anderen treten sie als inneres Bild im Geist des Menschen auf. Dabei werden leuchtende Farben wahrgenommen, die von einem inneren Licht erhellt sind.

Im folgenden Beispiel wird eine himmlische Vision geschildert:

«Eines Nachts, ungefähr um 23.30 Uhr, hörte ich einen christlichen Radiosender und las dabei in einem Buch. Sie spielten gerade eine Klavierversion des Liedes ‹El Shaddai›. Ich schaute hoch, und da sah ich Dawn wie durch ein Fenster.

Sie war barfuß und tanzte zu dem Lied einen liturgischen Tanz. Sie schien zu schweben. Ihr Haar wehte, und sie bewegte die Arme zur Musik. Sie trug ein langes, weißes Gewand, das ihr bis zu den Füßen reichte, und eine geflochtene Kordel um die Taille. Alles war hell, sehr hell. Sie war sehr glücklich, und sie lächelte so fröhlich wie immer. Sie drückte durch das Tanzen ihre spirituelle Freude aus. Am Ende des Liedes verschwand sie.

Ich war sehr dankbar und begann zu weinen. Ich hatte den Herrn gebeten, mich wissen zu lassen, dass es Dawn gut ging. Ich bin sicher, dass ich sie im Himmel gesehen habe, und bin jetzt davon überzeugt, dass sie Frieden gefunden hat.»[50]

Im folgenden Fall erhält eine junge Frau ein inneres Bild von ihrer Mutter:

«Während ihres Lebens war meine Mutter eine korrekte, würdevolle Frau gewesen, manchmal sogar etwas hart. In diesem Bild, das vor mir erschien, wirkte sie erstaunlicherweise wie ein junger Mensch. Sie war auch so gekleidet. Sie sah fast fünfzig Jahre jünger aus. Sie legte eine Ausgelassenheit an den Tag, die ich zu Lebzeiten nie an ihr bemerkt habe. Sie hüpfte auf und ab, winkte und lachte. Sie fühlte sich offensichtlich sehr wohl, und es schien ihr gut zu gehen. Da sie einen sehr schmerzhaften Tod erlitten hatte, fühlte ich mich durch diese Vision sehr erleichtert.»

Erscheinungen oder Visionen Verstorbener werden von Psychologen gern als Halluzinationen abgetan, da sie keine physischen Spuren hinterlassen. Im Gegensatz zu Halluzinationen werden Visionen jedoch als sehr geordnet erlebt. Sie haben positive Auswirkungen auf die Trauernden, und manche erleben dadurch tief greifende Persönlichkeitsveränderungen.

Erscheinungen von Tieren

Selbstverständlich leben auch Tiere nach ihrem Tod weiter. Sie werden genau wie der Mensch von der allen Lebewesen innewohnenden göttlichen Lebensenergie getragen, die nach dem Tod den Körper verlässt. Der Lösungsprozess der Seele im Sterben verläuft in ähnlicher Weise wie beim Menschen.

Jedes organische Leben verfügt über ein eigenes, spezifisches Bewusstsein, dementsprechend natürlich auch die Tier- und Pflanzenwelt. Ein Tier besitzt allerdings nur ein instinktmäßiges Bewusstsein. Es ist daher nicht fähig zur Selbstreflexion. Ein Hund oder eine Katze vermag nicht wie ein Mensch über sich selbst nachzudenken. Tiere gehen nach ihrem Tod direkt in ihre Gruppenseele ein. Wenn ein sehr enger, von Liebe geprägter Kontakt mit einem Menschen bestanden hat, kommt es mitunter zu Nachtod-Kontakten mit dem geliebten Tier. In den meisten der dokumentierten Fälle handelt es sich um die Geister verstorbener Haustiere, wie Katzen oder Hunde. Durch Liebe individualisiert sich ein Tier, und insofern können auch Hamster, Meerschweinchen oder Vögel erscheinen.

«Meine Katze musste wegen eines schweren Leidens eingeschläfert werden. Ich war vierzehn Jahre mit ihr zusammen gewesen und sehr traurig. Ich liebte sie über alles und war sehr verzweifelt. Etwa zwei Nächte nach ihrem Ableben – ich war gerade ins Bett gegangen und versuchte einzuschlafen –, sah ich den Schatten meiner Katze im Halbdunkel. Minka sprang auf mein Bett, und das fühlte sich genauso an, wie sie es jeden Abend getan hatte. Die Katze bewegte sich weiter und kuschelte sich an mich, als ob sie bei mir wäre. Sie fing leise an zu schnurren. Mir wurde ganz warm, und ich fühlte mich unendlich erlöst und getröstet. Danach schlief ich selig ein. Das Phänomen wiederholte sich noch öfter.»

Eine Seminarteilnehmerin berichtete mir unlängst:

«Nach dem Tod meines Schäferhundes durch Krebs war ich völlig verzweifelt. Er war so viele Jahre treu an meiner Seite gewesen und gab mir unendlich viel Halt und Liebe, wie ich es von Menschen selten erfahren habe. Er liebte es, sich im Sommer in der Sonne auf unserem Rasen regelrecht zu baden. Einige Wochen nach seinem Tod, im Mai 2004, wurde es sehr heiß. Ich ging nach draußen, als ich plötzlich die Gegenwart meines Hundes spürte. Dann sah ich ihn genauso wie zu seinen Lebzeiten, wie er sich vor mir in der Sonne räkelte. Er übermittelte mir, dass er immer bei mir ist. Dieses Erlebnis im Wachzustand hat mich unendlich getröstet.»

Aus den Nahtod-Erfahrungen wissen wir, dass die Toten manchmal auch von verstorbenen Tieren, die sie sehr geliebt haben, begrüßt und abgeholt werden. Auch in den Todesnäheerfahrungen von Kindern sind diese häufig mit ihren Lieblingstieren vereint. All das zeigt, dass Liebe nie vergeht.

Wir alle sind – Menschen wie Tiere – in einen göttlichen Sinnzusammenhang eingebunden.

Erscheinungen im Spiegel

In den Erscheinungen Verstorbener, die mit Spiegeln oder reflektierenden Flächen zusammenhängen, wird der Eindruck erzeugt, durch eine Öffnung in die geistige Welt zu blicken. Verstorbene treten dabei unerwartet aus einem Spiegel heraus und kommen auf eine lebende Person zu, um dann den Raum durch die Tür oder die Wand wieder zu verlassen. Ein Spiegel ist ein Symbol des Tores in eine andere Zeitdimension.

Eine Frau, die nachts plötzlich wach wurde, spürte die Gegenwart ihres verstorbenen Mannes. Am Kopfende des Bettes stand eine große Spiegelkommode. Sie schaute dorthin und sah Lichter in Wolken eingehüllt, die sich innerhalb des Spiegels hin und her bewegten.

«Eine rauchartige Substanz überzog das Glas. Dann formte sich eine Gestalt aus diesen Bewegungen – es war mein Mann. Er kam zu mir auf die Bettkante und umarmte mich. Mein Gott, ich spürte ihn körperlich. Ich war so glücklich. Im Spiegel sah ich Szenen unseres gemeinsamen Lebens und erfuhr, dass er mich das ganze Jahr in unterschiedlichsten verzweifelten Situationen getröstet hatte. Ich sah alle diese Bilder. Er übermittelte mir, dass es ihm gut geht. Diese Vision hat meine Einstellung verändert. Mein Mann verabschiedete sich, und dann löste sich diese Erscheinung wieder in Nebel auf.»

Auch Fensterflächen bilden den Hintergrund für Erscheinungen. Ein heute 32-jähriger Mann berichtete mir während eines langen Gesprächs, dass seine Mutter bei einem Unfall ums Leben kam, als er acht Jahre alt war.

«Jene Nacht werde ich nie vergessen. Ich hatte immer Probleme einzuschlafen, wenn ich wusste, dass meine Mutter geschäftlich verreisen musste. In jener Nacht war mein Verlassenheitsgefühl besonders stark, und ich wälzte mich unruhig hin und her. Nur die Anwesenheit meines Vaters im Wohnzimmer tröstete mich ein wenig. Ich konnte einfach nicht einschlafen. Plötzlich spürte ich eine Präsenz, eine Gegenwart im Raum. Ich war völlig verstört und bekam Angst. Doch irgendwie wusste ich einfach, dass es die Gegenwart meiner Mutter war. Ich schaute mich im Raum um, als ich beim Fenster einen hellen Lichtschein bemerkte. Darin sah ich schemenhaft das Gesicht meiner Mutter, die mir zuwinkte. Sie lächelte, blickte aber gleichzeitig ernst und traurig. Irgendwie ahnte ich intuitiv, dass sie gestorben war. Eine Stunde später kam mein Vater weinend ins Zimmer, um mir den Tod meiner Mutter mitzuteilen. Sie war zum Zeitpunkt der Erscheinung bei einem Verkehrsunfall ums Leben gekommen.»

Eine Witwe blickte zufällig in das spiegelnde Fenster ihres Hotelzimmers:

«Die Erscheinung fand statt, kurz nachdem mein Mann durch einen Autounfall ums Leben gekommen war. Es war früh am Morgen, und ich lag im Bett und starrte aufs Fenster. Es war dunkel, und draußen war nichts zu erkennen. Das Fenster bildete eine Art schwarzes Quadrat. Ich kann mich nicht entsinnen, an irgendetwas Bestimmtes gedacht zu haben, ich blickte einfach nur aufs Fenster. Plötzlich konnte ich einen Mann auf mich zurennen sehen. Er hatte eine Badehose an, und sein Haar war nass, so, als käme er gerade vom Strand. Ich wurde ganz aufgeregt, denn ich erkannte in ihm meinen verstorbenen Mann! Er rannte zu mir hin und lächelte. Ich konnte ihn riechen, und ich weiß, dass ich sein nasses Haar hätte befühlen können, wenn ich die Hand ausgestreckt hätte. ‹Alles ist hier in Ordnung›, sagte er. Er lächelte und war glücklich, und das machte mich glücklich. Diese Erfahrung half mir, meinen Kummer zu überwinden, denn ich hatte mir immer Sorgen um den Schmerz gemacht, den er empfunden haben musste, als der Wagen verunglückte.»[51]

Raymond Moody versuchte in den frühen 90er Jahren die Wiederbegegnung mit Verstorbenen unter Laborbedingungen herzustellen. Er wollte dadurch Kontakte mit Verstorbenen wissenschaftlich beweisen. In seinem Buch «Blick hinter den Spiegel» (1993) berichtet er von vielen trostreichen Kontakten und beschreibt darüber hinaus eine schon im alten Griechenland gebräuchliche Methode, bei der mit Hilfe eines Spiegels der Geist eines Verstorbenen sichtbar gemacht werden kann. Die Testpersonen wurden in eine Kabine geleitet, in der es nur eine kleine Lichtquelle gab. An einer Wand der Kabine hing ein großer Spiegel. Indem sich die Testpersonen im Geist intensiv mit ihren Verstorbenen auseinander setzten, wurde versucht, die Erscheinung der Toten heraufzubeschwören. Die Experimente Moodys wurden von vielen Wissenschaftlern belächelt, und seit dem Erscheinen des Buches gab es keine weiteren Publikationen über seine Forschungen. Dennoch möchte ich zwei bemerkenswerte Fälle aus Moodys Material vorstellen. Eine Frau beschreibt ihr Erleben:

«Ich habe lange Zeit meditiert und versucht, auf eine tiefe Meditationsebene zu gelangen, um mit meinem Mann zu kommunizieren. Ich war also ganz gelassen, als ich in die Kabine ging.

Ich weiß nicht, wie lange es dauerte, bis etwas passierte,

vielleicht zehn oder fünfzehn Minuten, vielleicht auch weniger. Aber nach einer Weile verlor ich den Spiegel aus dem Blick, und ich sah meine Mama. Erst erschien in großer Ferne nur ihr Gesicht. Dann, als sie näher und näher kam, sah sie eher aus wie ein Gespenst, aber es war nicht etwas wie Rauch um sie herum. Sie lächelte und nannte mich Vögelchen. So hatte sie mich genannt, als ich klein war. ‹Vögelchen›, sagte sie, ‹ich bin gekommen, weil Bill nicht kommen kann. Ich bin schon ein bisschen weiter als er, und er hat noch eine Menge zu lernen. Er studiert. Aber es geht ihm gut, und er liebt dich sehr.›

In diesem Moment kam sie aus dem Spiegel heraus. Es war, als ob sie einfach dort stünde. Ihr Gesicht hatte einen wunderbaren Ausdruck. Sie strahlte.

Mir wurde außerordentlich warm, und ich wusste nicht, ob es daher rührte, dass ich so aufgeregt war, oder ob es von der Energie kam, die sie umgab. Ihre Stimme hörte sich anders an, als wenn sie und ich miteinander redeten. Am besten lässt es sich so beschreiben: Ich arbeitete jahrelang bei einer Telefongesellschaft als Vermittlerin von Überseegesprächen. Wenn die Signale über Satellit gingen, dann nahm auch der Ton eine andere Qualität an. So hörte sich das an.

Es war keine Einbildung, was da geschah. Es war absolut real und sehr ehrfurchtgebietend.»[52]

Im abschließenden Fall dieses Kapitels begegnet eine Frau ihrem Großvater, der aus dem Spiegel heraustritt und sie umarmt.

«Ich war so glücklich, ihn zu sehen, dass ich zu weinen anfing. Durch den Schleier meiner Tränen konnte ich ihn noch immer im Spiegel sehen. Dann schien er näher zu kommen, und er muss aus dem Spiegel herausgetreten sein, denn als Nächstes umfasste und umarmte er mich. Ich hatte das

Gefühl, dass er so etwas sagte wie: ‹Es ist ja alles gut, weine nicht.›

Und dann war er plötzlich verschwunden. Ich kann noch immer seine Berührung spüren. Ich fühle mich auch innerlich warm, so als ob mich jemand umarmt hätte.

Es war großartig, ihn wiederzusehen. Er war glücklich, und das ist gut. Auch wenn ich ihn vermisse, ist es doch schön zu wissen, dass er da, wo er ist, glücklich ist.»[53]

Seit dem Erscheinen von Moodys Buch haben zahlreiche Menschen versucht, seine Versuche nachzustellen. Einigen ist es offenbar gelungen, reale Kontakte mit Verstorbenen herzustellen, anderen nicht. Ich persönlich rate jedem Leser, lieber seinen eigenen, intuitiven Wahrnehmungen zu vertrauen. Lesen Sie dazu bitte auch das Abschlusskapitel.

Elektrische, physikalische und telefonische Nachtod-Kontakte

Elektrische Phänomene

Begegnungen mit Verstorbenen treten außerordentlich häufig in Form von elektrischen Phänomenen auf: Lichter gehen an und aus, obwohl keine Ursache dafür vorliegt, der Wasserkocher fängt an zu sieden, obwohl er nicht eingestellt wurde, oder Fernseher, Radios, Anlagen oder Computer stellen sich von selbst an und aus. Gewöhnlich werden Nachtod-Kontakte durch Elektrizität im Wachzustand erlebt. Dabei wird die Anwesenheit und Energie eines bestimmten Verstorbenen gespürt. Die Häufigkeit der Erlebnisse lässt sich dadurch erklären, dass Elektrizität den Schwingungen der Verstorbenen entspricht.

«Nach dem Tod meines Vaters war ich verzweifelt. Ich musste ständig an ihn denken. Er fehlte mir sehr. Ich hoffte inständig auf ein Zeichen von ihm. Etwa drei Wochen nach seinem Tod saß ich allein an meinem Schreibtisch und grübelte wieder einmal über seinen plötzlichen Tod, als die Schreibtischlampe erlosch. Ich war wie vom Donner gerührt und spürte eine eigentümliche Gegenwart. Da ich sehr verunsichert war, fragte ich laut: ‹Bist du das, Papa?› In diesem Moment ging die Lampe wieder an, doch gleichzeitig ging das große Deckenlicht aus. ‹Wenn du hier bist, dann gib mir ein Zeichen.› Daraufhin ging die Schreibtischlampe dreimal hintereinander an und aus. Nun war ich mir absolut sicher, dass mein verstorbener Vater das verursacht hatte und ich mir das Geschehen nicht einbildete. Die Phänomene wiederholten sich in den nächsten Wochen noch mehrfach.»

Der Vater reagierte unmittelbar auf die Gedanken seiner Tochter. Hier ein weiteres typisches Phänomen:

«Ich habe sehr viele Erfahrungen mit dem Übersinnlichen gemacht. Ständig gehen wie von selbst meine elektrischen Geräte an und aus. Manchmal stellt sich sogar die Kaffeemaschine von selbst an. Der Verursacher ist mein Vater, der kürzlich an einer Lungenembolie verstarb. Selbst die Lautstärke meines Radios verstellt er ständig – man sieht sogar, wie der Lautstärkeregler gedreht wird, obwohl keine lebende Person in der Nähe ist. Ich wurde auch im Wachzustand gelegentlich von etwas Unsichtbarem berührt. Ich habe das Gefühl, dass sich mein Vater noch in der Wohnung aufhält.»

Selbst modernste Computer werden von den Verstorbenen verwendet, um in Kommunikation mit den Lebenden zu treten:

«Vor kurzem starb mein Bruder bei einem Motorradunfall. In der Nacht seines Todes ging ich zu ihm ins Krankenhaus. Er sah aus, als ob er schliefe, und er wirkte sehr friedlich und entspannt. Ich bat ihn, er solle mit mir, wenn es ihm möglich ist, am PC in Kontakt treten. Als ich am nächsten Tag meinen Computer einschaltete, spielte er völlig verrückt und druckte Botschaften aus, die auf die Anwesenheit meines Bruders schließen ließen. Kurz nach seinem Tod geschahen sehr viele unerklärliche Dinge. Ich war so überwältigt davon, dass ich weinen musste, ohne traurig zu sein. Ich spürte seine liebevolle Anwesenheit und war von seiner Liebe erfüllt. Für mich gibt es nicht den geringsten Zweifel, dass wir nach dem Tod weiterleben.»

Die meisten Betroffenen erkennen sofort, wer der Verursacher eines Phänomens ist, da die spezifische Energie eines Verstorbenen identifiziert wird. So mancher Skeptiker wurde durch derartige Vorfälle von dem Weiterleben nach dem Tod überzeugt. Wer jemals einen intensiven, mit Elektrizität verbundenen Nachtod-Kontakt erlebt hat, wird das nie vergessen. Manchmal erleben auch mehrere Personen gleichzeitig derartige Situationen:

«Ich lag mit meinem Mann im Bett, als ich plötzlich die Gegenwart meines verstorbenen Sohnes spürte. Er war mit zwölf Jahren tödlich verunglückt. Mein Mann war noch wach, und ich fragte ihn, ob er auch etwas spüre. Er verneinte und drehte sich entnervt um. Plötzlich hörten wir ein lautes Geräusch aus dem Wohnzimmer. Wir standen beide auf, um nachzuschauen. Alle Lampen waren an, sogar im Esszimmer und im Badezimmer. Die Stereoanlage hatte sich von selbst eingeschaltet und spielte das Lieblingslied meines Sohnes. Wir konnten es nicht fassen. Alle Lichter in der ganzen Wohnung brannten! Mein Mann brach in Tränen aus und glaubt nun auch, dass unser Sohn um uns ist.»

Immer wieder berichten die Menschen von den Einwirkungen Verstorbener auf Armbanduhren, Wanduhren oder sogar Spielzeuguhren. Hier ein weiteres Beispiel:

«Unsere Tochter war im Juli 2003 durch einen Verkehrsunfall ums Leben gekommen. Die ganze Familie war über Monate wie versteinert. Wir konnten nicht fassen, dass sie gestorben war. An ihrem Geburtstag begann plötzlich eine Spieluhr, die sie sehr geliebt hatte, zu laufen, und das mehrmals hintereinander. Das Verrückte war, dass sich gar keine Batterien in der Uhr befanden. Mein Mann und meine Kinder waren Zeuge dieses Phänomens. Irgendwie wussten wir dadurch, dass unsere Tochter bei uns ist.»

Aus den vorliegenden Berichten lässt sich schließen, dass elektrisch betriebene Geräte selbst ohne Batterien oder Netzstecker Träger oder Transformatoren für die Energie Verstorbener sein können.

«Jedes Jahr zu Weihnachten holte mein Schwiegervater um genau vierzehn Uhr meine Kinder ab, um mit ihnen die Zeit bis zur Bescherung zu verbringen. Er starb im November 2000. Am Heiligen Abend desselben Jahres fing exakt um vierzehn Uhr unser Staubsauger plötzlich an zu laufen. Das war für mich absolut unfassbar, da er weder eingeschaltet noch mit der Steckdose verbunden war. Ich fühlte, dass mein Schwiegervater im Raum war und er dieses Phänomen verursachte. Ich war dankbar für dieses echte Zeichen seines Fortlebens. Auch meine Mutter, die ebenfalls zugegen war, spürte seine Gegenwart.»

Physikalische Phänomene

Im Zusammenhang mit Nachtod-Kontakten spricht man dann von physikalischen Phänomenen, wenn Gegenstände hin und her bewegt werden oder sie verschwinden, um dann unerwartet wieder aufzutauchen. Das wird von den Angehörigen als ein Zeichen der Verstorbenen gewertet, die ihnen dadurch etwas mitteilen wollen. Ein besonders imponierendes Beispiel wurde mir vor einigen Jahren von einem 45-jährigen aidskranken Mann erzählt:

«Vor vier Jahren starb mein Freund, mit dem ich zwanzig Jahre zusammengelebt habe, in meinen Armen an den Folgen von Aids. Im Todesmoment spürte ich seine Seele durch mein Herz gehen. Ich war verblüfft über dieses so starke, außerordentliche Gefühl, weil ich nicht an ein Leben nach dem Tod glaubte. Ich wollte immer handfeste Beweise, die ich anfassen kann.

Ein Jahr nach seinem Tod lernte ich einen anderen Mann kennen. Er war wesentlich jünger als ich, und schon bald lebten wir zusammen. Er war ebenfalls aidskrank. Zu jener Zeit fing es an, dass sich plötzlich Gegenstände in meiner Wohnung selbständig machten. So flog eine Topfblume vom Küchenschrank häufig in hohem Bogen in die Spüle. Von der normalen Fallhöhe her hätte sie aber immer direkt auf dem Boden landen müssen. Ich hatte das Gefühl, dass mein verstorbener Freund anwesend war, aber ich konnte es einfach nicht glauben.

Eines Abends, wir saßen gemütlich vor dem Fernseher, flogen plötzlich meine afrikanischen Masken der Reihe nach vom Schrank. Ich hatte sie zusammen mit meinem verstorbenen Freund in Afrika gekauft, und wieder dachte ich kurz, dass er mit mir Kontakt aufnehmen will. Aber da ich nach wie vor nicht von einem Leben nach dem Tod überzeugt war, sagte ich zu meinem jetzigen Freund: ‹Ich glaube es erst, wenn die große Maske herunterfällt.›

Wenig später erkrankte er schwer – ein weiterer Mensch starb in meinen Armen. Ich fühlte mich alleine und verlassen. Dann, etwa sechs Wochen nach seinem Tod, fiel die besagte große Maske direkt vor mir auf den Boden. Nun konnte ich es als Zeichen des Freundes erkennen, der kurz vorher gestorben war. Endlich glaubte ich, dass wir nach unserem Tod weiterexistieren und dass die Verstorbenen immer um uns sind.»

Es ist nicht immer einfach, mit den Zeichen der Verstorbenen umzugehen, erst recht, wenn wir versuchen, seltsame Geschehnisse über den Verstand zu erfassen. Selbst schwere Gegenstände können von Verstorbenen bewegt werden. Ein junger Mann erzählte mir in einem Seminar die folgende, schon fast kuriose Episode, die aber stellvertretend für viele andere Berichte dieser Art steht:

«Nach dem Tod meiner Mutter befand ich mich im Flur unseres Hauses und wollte eigentlich anfangen, die Wohnung auszuräumen. Im Flur hing ein sehr großer, langer und schwerer Spiegel, der eingerahmt war. Meine Mutter liebte ihn sehr und stand oft lange Zeit davor. Plötzlich gab es einen lauten Krach, und der schwere Spiegel stürzte von der Wand. Er flog über die darunter stehende Kommode und landete unbeschadet auf dem Teppichläufer. In diesem Moment des Schreckens wusste ich, das kann nur meine Mutter gewesen sein; sie ist hier. Obwohl ich zitterte, hob ich den Spiegel auf und stellte zu meinem großen Erstaunen fest, dass der Draht auf der Rückseite intakt war. Der Nagel, an dem der Spiegel gehangen hatte, steckte noch in der Wand und war sogar fest verdübelt. Ich fand keine andere logische Erklärung für das Geschehene, als dass meine Mutter versucht hatte, mit mir in Verbindung zu treten.»

Verstorbene richten ihre Energie auf Gegenstände, um dadurch ein Zeichen ihrer Anwesenheit zu geben. Schmuckstücke, Kleidung, Bilder oder andere Gegenstände sind Träger derartiger Kontaktversuche. Bei genauerem Hinsehen können wir erkennen, dass derartige Vorfälle emotionale Unterstützung seitens der Toten bedeuten. Sie ereignen sich meistens dann, wenn wir am dringendsten Trost brauchen. Eine Frau, deren Sohn mit neunzehn Jahren ertrunken war, berichtet:

«Es war an einem Regentag, und ich bügelte gerade in einem der oberen Zimmer. Während ich eines von Randys Hemden bügelte, begann ich zu weinen.

Auf dem Tisch neben mir stand ein kleiner Korb mit einem Deckel. Als ich hinsah, lag ein Bild meines Sohnes auf diesem Korb! Ich weiß nicht, wie das Bild dahin kam. Aber ich weiß, dass vorher nichts dort gelegen hatte, weil ich den Korb gerade in der Hand gehabt hatte. Auf dem Bild war Randy ungefähr neun. Normalerweise lachte er auf Fotos nie – er lächelte höchstens ein bisschen. Aber auf diesem lachte er. Es ist sogar das einzige Bild, das ich von ihm habe, auf dem er lacht.

Zuerst war ich überrascht, weil ich das Bild so lange nicht gesehen hatte. Dann war ich beruhigt, weil ich spürte: Randy wollte mir sagen, dass es ihm gut geht. Deshalb legte ich dieses Bild auf den Tisch neben meinem Bett.

Ein paar Tage später, als ich Geld brauchte, lag das Bild in meiner Brieftasche! Dasselbe Bild! Diesmal ließ ich es in meiner Brieftasche. Und dann lag das Bild ein paar Wochen später auf meiner Kommode! Wieder dasselbe Bild! Und als ich nachschaute, lag es nicht mehr in meiner Brieftasche.

Das alles geschah, als ich sehr, sehr deprimiert war, als es mir wirklich schlecht ging. Ich glaube, Randy wollte mir mitteilen, dass er glücklich ist.»[54]

Häufig werden Gegenstände, die noch die Energie eines Verstorbenen in sich tragen, für einen Kontaktversuch verwendet. Das können Ringe, Bilder, Gläser oder persönliche Gegenstände sein, die jemand besonders geliebt hat. Doris erhielt direkt nach dem Tod ihrer geliebten Mutter mehrere Zeichen. Das intensivste erfolgte etwa ein Jahr, nachdem die Mutter gestorben war:

«Meine Mutter hatte sich vor ihrem Tod eine Anzahl großer Edelsteine gekauft, auf deren Heilkraft sie vertraute. Nach ihrem Tod nahm ich die Edelsteine mit zu mir. Sie befanden sich in einer offenen Silberdose und waren nicht sortiert. Ich stellte sie in eine Schublade meines Wohnzimmerschranks. Irgendwann, kurz nach dem ersten Todestag meiner Mutter, wollte ich die Steine einfach in die Hand nehmen. Als ich die Schublade öffnete, erschrak ich: Alle Steine waren ausgebreitet und einzeln umgedreht. Daraufhin fragte ich meinen Mann, der am Abend zuvor Fernsehen geschaut hatte, ob er etwas gehört habe. Er antwortete, dass er ein kurzes, lautes Geräusch vernommen, sich aber nichts dabei gedacht habe. Ganz oben lagen ein großer Jadestein und ein Rosenquarz, beides Edelsteine, die meinem Sternzeichen zugeordnet sind. Das verblüffte mich, und da ich mich mit der Bedeutung von Edelsteinen nicht auskannte, besorgte ich mir ein Bestimmungsbuch. Ich erfuhr, dass ich eine eindeutige Botschaft von meiner Mutter erhalten hatte: Der Rosenquarz steht für Liebe und der Jadestein für Loslassen!»[55]

Deutlicher kann das Hauptanliegen der Toten nicht mehr vermittelt werden: «Ich bin bei dir, ich liebe dich, aber lasse mich los, damit du dein Leben vollenden kannst.»

Telefonische Nachtod-Kontakte

Es gibt in den letzten Jahren immer wieder seriöse, übereinstimmende Berichte darüber, dass sich Verstorbene per Telefon gemeldet haben. Dabei hinterlassen sie kurze Mitteilungen auf dem Anrufbeantworter oder sprechen direkt mit den Angehörigen. Beim Telefonkontakt im Wachzustand ertönt das typische

Klingeln. Die Stimme des Verstorbenen ist deutlich zu hören, klingt aber häufig weit entfernt. Nach der Beendigung eines solchen Gesprächs wird einfach Stille wahrgenommen – es erfolgt kein Klicken oder Freizeichen.

Ein Mann, der seinen 7-jährigen Sohn durch Leukämie verloren hatte, zog sich immer mal wieder gerne in eine Holzhütte in den Bergen Österreichs zurück. Er hatte hier viel Zeit mit seinem Michael verbracht, und alles erinnerte an ihn. Eines Abends klingelte das Telefon, und er vernahm überraschend die Stimme seines Kindes. Michael sagte ihm, dass es ihm gut gehe und dass er nun sehr glücklich sei. Der Vater solle endlich aufhören zu trauern und sich keine Vorwürfe mehr machen. Das sei völlig unsinnig. Dann war plötzlich Stille, und das Gespräch war zu Ende. Das Telefonat dauerte drei Minuten. Zu seinem Erstaunen stellte der Mann fest, dass das Telefon gar nicht eingestöpselt war, und doch hatte es geläutet.

Dieses Beispiel zeigt, dass ein materieller Gegenstand wie ein Telefon als Medium dient, um mit uns in Kontakt zu treten. Die Kraft der Gedanken ist eine spezifische Energie, die auf jeden Gegenstand einwirken kann:

«Meine Mutter kam bei einem Hausbrand ums Leben. Dieser grausame Tod betrübte mich sehr. Ich konnte wochenlang nicht schlafen. Nächtelang grübelte ich und weigerte mich, den unerwarteten Tod meiner Mutter zu akzeptieren. Ich war in dieser Zeit sehr rastlos. Eines Nachts klingelte das Telefon. Sehr beunruhigt durch einen Anruf zu so später Stunde, hob ich den Hörer ab. Zu meinem großen Erstaunen war der Anrufer meine verstorbene Mutter. Sie teilte mir in knappen Worten mit: ‹Ich bin wirklich gestorben. Höre auf, dir Gedanken zu machen. Es geht mir gut, und ich bin bei dir.› Dann war das Gespräch beendet. Ihre Stimme klang wie zu ihren Lebzeiten.

Das beruhigte mich, und in den nächsten Wochen fand ich meinen Frieden.»

Bei der telefonischen Kontaktaufnahme bitten die Verstorbenen meistens darum, unerledigte Angelegenheiten zu einem Abschluss zu bringen. So werden Hinterbliebene gebeten, geliehene Bücher oder Geld zurückzugeben, oder es wird der genaue Ort bekannt gegeben, an dem Wertsachen oder wichtige Dokumente und Briefe versteckt sind. Anrufe von Verstorbenen wirken häufig verstörend und hinterlassen nicht selten Ratlosigkeit und Zweifel. Die Betroffenen fragen sich, ob der Kontakt wirklich stattgefunden hat oder ob es nicht Wunschdenken war – besonders, wenn der Telefonstecker nicht in der Buchse gesteckt hatte.

Eine Frau berichtete mir in einem Seminar, dass eines Nachmittags ihr Telefon dreimal läutete. Ihre Mutter, die vor vier Jahren gestorben war, war am Apparat und sagte einfach: «Ich liebe dich. Verzeih mir alles, was ich dir angetan habe.» Der Frau fiel vor Schreck der Hörer aus der Hand. Und doch wusste sie, dass sie mit ihrer Mutter gesprochen hatte.

Auch im Traum erhalten wir über Fax oder Anrufbeantworter Nachrichten von Verstorbenen. Johannes schrieb mir:

«Mein Vater starb durch einen Verkehrsunfall. Die ganze Familie war wie gelähmt. Eines Nachts hatte ich einen Traum. Ich saß in unserem Wohnzimmer, als plötzlich das Faxgerät ansprang. Ich hielt eine Mitteilung meines Vaters in der Hand! Ich erkannte seine markante Handschrift. Ich war wie elektrisiert und konnte nicht glauben, was ich sah. Ich nahm das Blatt aus dem Gerät. Die Worte, die mein Vater schrieb, werde ich mein Leben lang nicht vergessen: ‹Mein lieber Johann, gräme dich nicht über meinen Tod. Es war der richtige Zeitpunkt, und ich habe hier, wo ich jetzt bin, wichtige Dinge zu erledigen. Es geht mir gut. Stehe deiner Mutter bei und lebe dein Leben. Dein Vater.› Als ich erwachte, stand seine Botschaft klar vor meinem geistigen Auge. Ich weiß nun, dass mein Vater immer bei mir ist.»

Selbst Handynachrichten tauchen in den heutigen Berichten auf: Die Tante einer jungen Seminarteilnehmerin verstarb ganz plötzlich. Nachbarn fanden sie morgens tot im Sessel. Es gab keine Möglichkeit, Abschied zu nehmen oder Verfügungen zu treffen. Als die Frau in der Nacht nach dem Tod ihrer Tante erschöpft eingeschlafen war, klingelte in ihrem Traum das Handy, und ihre Tante meldete sich. Sie gab genaue Anweisungen, wo Geld und besondere Dokumente zu finden seien, und erklärte, was mit ihrem Nachlass geschehen soll. Am nächsten Tag fand die Frau an den bezeichneten Stellen die Dokumente und das Geld.

Träume von Verstorbenen und außerkörperliche Erfahrungen

Kontaktaufnahme im Traum

Begegnungen mit Verstorbenen im Traum sind, wie wir zum Teil schon in den vorangegangenen Kapiteln gesehen haben, außerordentlich weit verbreitet. Sie ereignen sich, wenn wir uns im Tiefschlaf befinden und das normale Wachbewusstsein ausgeschaltet ist. Unser Unterbewusstsein befindet sich jedoch im Traumzustand selbst bei tiefer Trauer in einem aufnahmefähigen Zustand. Bei den Träumen von Verstorbenen handelt es sich nicht um gewöhnliche Träume, in denen Erlebnisse des Tages verarbeitet werden. Diese «normalen» Träume erinnern wir meistens schon beim Aufwachen nicht mehr. Die Träume von Verstorbenen sind allerdings von einer völlig anderen Qualität: Ihr Ablauf ist lebhaft und geordnet, sie sind wesentlich intensiver, und aufgrund ihres hohen Realitätsgehalts werden sie nicht vergessen.

Träume von Verstorbenen ragen aus dem Alltagsgeschehen heraus. Sie ereignen sich in einem erweiterten Bewusstseinszustand, durch den solche Begegnungen erst möglich werden.

Die Seele lockert sich dabei vom Körper und wandert in die andere Dimension des Jenseits. Wir haben weder Einfluss auf das Geschehen, noch können wir es kontrollieren. Manchmal besteht die Möglichkeit, mit unseren Träumen die geistige Weiterentwicklung eines geliebten Menschen mitzuverfolgen. Wir träumen dann mehrmals von derselben Person und sehen sie in verschiedenen Umgebungen oder Landschaften.

Ich selbst erinnere mich an Begegnungen mit meiner Mutter in Träumen. Sie sind mir bis heute gegenwärtig, obwohl sie schon zwölf Jahre zurückliegen. Etwa ein Jahr nach ihrem Tod tauchten zunächst Bilder ihrer schweren Erkrankung in meinen Träumen auf, was mich damals sehr verstörte. Ich sah meine Mutter dabei schwer krank in einer Klinik, die ich nicht kannte, obwohl die eigentliche Botschaft war, dass meine Mutter weiterlebte. Mich bekümmerte die Vorstellung, dass sie auch nach ihrem Tod noch leiden muss.

Derartige Träume kommen besonders häufig vor, wenn der Verstorbene an einer langen Krankheit gelitten hat, da der Träumende die Erkrankung noch nicht verarbeiten konnte. Es treten dann die Bilder aus dem Unbewussten in das Traumgeschehen, in das der Verstorbene eingreift, um seine Weiterexistenz zu bekunden. Da diese Vermischung oft nicht verstanden wird, sind die Angehörigen verunsichert.

Wenn wir beispielsweise einen Menschen über viele Jahre begleitet haben, der an Krebs erkrankt war, dauert es Jahre, bis diese Erinnerungen verblassen. Das ist normal und sollte uns nicht erschrecken. Für Begleitende ist es sehr schwer, den allmählichen körperlichen Abbau der Kranken mit ansehen zu müssen und die eigene Hilflosigkeit zu spüren. Die eigentliche Qual besteht darin, nichts tun zu können.

In der medial empfangenen Jenseitsliteratur ist von Sanatorien die Rede, in denen Verstorbene betreut werden, die über längere Zeit schwere Schmerzzustände zu erdulden hatten. Sie regenerieren langsam und müssen sich an die neue Umgebung und ihren schmerzfreien Zustand gewöhnen.

Weitere Begegnungen mit meiner Mutter im Schlaf fanden an fremden Orten, wie auf erleuchteten Wiesen, in unbekannten Landschaften oder Räumen, statt. Einige Jahre später zeigte sie mir ihr neues Zuhause in der geistigen Welt und umarmte mich dabei herzlich. Es war wie ein Abschiednehmen.

Sehr viele Menschen erleben nachtodliche Träume in einem entspannten Bewusstseinszustand zwischen Wachen und Schlafen, im so genannten Halbschlaf, den wir zum Beispiel morgens kurz vor dem Erwachen oder abends vor dem Einschlafen erleben. Aber wir können auch durch Meditation, Gebete oder Tagträume eine solche Gemütsverfassung erlangen. Die Forschung bezeichnet diesen Bewusstseinszustand als «Alpha-Zustand». Je entspannter und ruhiger wir sind, umso einfacher ist es für Verstorbene, einen Kontakt zu uns herzustellen. Bei Träumen im Alpha-Zustand nehmen wir unsere unmittelbare Umgebung zwar wahr, sind aber gleichzeitig losgelöst davon.

Gene beschreibt sehr genau diesen Bewusstseinszustand zwischen Wachen und Schlafen, in dem er eine Botschaft seines verunglückten Bruders erhielt:

«Am nächsten Tag war ich nachmittags sehr müde und legte mich hin. Sie wissen, wie das ist, wenn man nicht richtig schläft und nicht richtig wach ist und trotzdem alles hört, was vor sich geht, aber nicht darauf achtet?

Roger kam zu mir. Ich spürte seine Gegenwart, aber ich sah ihn nicht. Ich fühlte, dass er sagte: ‹Alles ist gut. Alles ist in Ordnung. Sag Mama, mir geht es gut, sie soll sich keine Sorgen um mich machen. Sag ihr, dass ich sie liebe.› Er bat mich,

Mama zu trösten, so gut ich könne, und darauf zu achten, dass sie zurechtkäme.

Das dauerte vielleicht drei Minuten. Sobald ich ganz wach war, ging ich zu meiner Mutter und erzählte es ihr, und es ging uns danach gleich viel besser.

Rogers Rückkehr ist für mich der Beweis, dass es ein Leben nach dem Tod geben muss. Und jetzt glaube ich auch, dass er im Himmel ist.»[56]

Eine solche friedvolle Gegenwart ist außerordentlich tröstlich. Alle Formen von Nachtod-Kontakten können in Träumen auftreten. Es gibt Berichte über intensive Berührungen oder Umarmungen oder dass der Raum von einem allumfassenden Frieden erfüllt war. Verstorbene strahlen eine geistige Energie aus, die auch nach ihrem Besuch noch anhält und fortwirkt. Das Leben ist ein Kontinuum und ewig. Unsere irdische Existenz ist innerhalb des ewigen Zyklus nur eine vorübergehende Stufe.

Corinna berichtete mir in einem Gespräch von einem Erlebnis, das heute über dreißig Jahre her ist. Ihre Schwiegermutter, die durch eine schwere Krebserkrankung sehr ausgemergelt war, war von ihrem Weiterleben überzeugt und wusste, dass sie von ihrer verstorbenen Tochter abgeholt wird. Damals hatte Corinna noch nie etwas von Nachtod-Kontakten gehört. Dann erlebte sie den folgenden Traum:

«Ich war auf dem Ku'damm Ecke Joachimstaler und lief die Straße entlang. Plötzlich stand meine Schwiegermutter vor mir: mit langem, schwarzem Haar, wie in ihren besten Jahren. Es waren keinerlei Spuren ihrer schweren Krebserkrankung zu erkennen. Ich wollte sie umarmen, doch sie sagte: ‹Du kannst mich nicht anfassen. Ich bin nur eine Projektion.› Ich war völlig verwirrt. Dann fuhr sie fort: ‹Sage meinem Sohn, dass es mir gut geht.› Dann war die Erscheinung beendet. Sie wollte mir mitteilen, dass es ihr gut geht und dass sie weiterlebt. Ich habe das Erlebnis angenommen und gab die Information so weiter, wie sie es gesagt hatte. Dieses Erlebnis beeindruckte mich sehr. Meine Schwiegermutter benutzte mich offensichtlich als Medium, weil sie an ihre eigene Familie nicht herankam.»

Bemerkenswert ist die Aussage der Schwiegermutter, dass sie nicht berührt werden kann, weil sie eine Projektion sei. Da die Seele an sich keine Form hat, vermittelt sie sich über Bilder und Projektionen. Dadurch können wir Verstorbene individuell erkennen. Wir begegnen ihnen in der Form, in der wir sie gekannt haben. Daneben gibt es aber auch Fälle, in denen sich Verstorbene *körperlich* manifestiert haben.

Nachtod-Kontakte belegen, dass unsere Identität, das Erinnerungsvermögen und die Persönlichkeit nach dem Tod nicht ausgelöscht werden. Die Verstorbenen wollen uns unterstützen und helfen loszulassen. Daher versuchen sie, uns von ihrer Weiterexistenz zu überzeugen.

Träume von Verstorbenen haben einen hohen Realitätsgehalt. In einigen Traumsequenzen treten lebende und verstorbene Personen nebeneinander auf. Der Träumende nimmt den Toten als Einziger wahr. Er kommuniziert mit dem Abgeschiedenen, während sich die anderen Beteiligten seiner Anwesenheit nicht bewusst sind.

«Ein paar Tage nach dem Tod meiner Mutter erschien sie mir im Traum. Unsere Familie war im Wohnzimmer versammelt, als plötzlich meine Mutter am Fenster stand. Nur ich konnte sie sehen. Die anderen bemerkten davon nichts. Sie lachte über das ganze Gesicht und erzählte mir, dass sie dort, wo sie jetzt sei, für die Blumen zuständig sei. Eine solche Wiese voll von Blumen könne ich mir gar nicht vorstellen, und sie käme nicht mehr zurück, denn es gehe ihr gut und sie sei sehr glücklich. Es handelte sich wohl um eine Vision im Traum.»

Im folgenden Fall wird ein Nachtod-Kontakt mit dem verstorbenen Pflegekind zu einem Wendepunkt im Leben:

«1994 nahm ich ein Pflegekind aus der Ukraine an. Dieses Kind hatte einen angeborenen Herzfehler und kam mit neun Monaten zu mir. Pavel wurde dann mit vierzehn Monaten sieben Stunden lang im Herzzentrum Berlin operiert. Er starb viereinhalb Wochen nach der Operation auf der Intensivstation.

Ich hatte zu diesem Jungen eine sehr enge Seelenverbindung, und er zu mir. Nach seinem Tod war ich verzweifelt und blockiert. Ich konnte nicht trauern. Dann, ein halbes Jahr nach seinem Tod, erschien er mir auf einmal im Traum. Ganz munter tobte er durch unser riesiges Ehebett und sagte zu mir: ‹Mama, warum hast du mich alleine gelassen?› Ich wachte völlig konsterniert auf und fragte mich, wie es sein konnte, dass er so zu mir gesprochen hat, vor allem *was* er gesagt hat.

Seine Frage ließ mir absolut keine Ruhe. Daraufhin las ich das Buch ‹Kinder und Tod› von Elisabeth Kübler-Ross und ähnliche Bücher, um Antworten zu finden. Durch die Lektüre begriff ich, dass früh verstorbene Kinder eine besondere Aufgabe haben. Ich ahnte nicht, dass die Seele Pavels eigentlich immer um mich ist. Er wollte mich darauf aufmerksam machen, dass Verstorbene, egal welchen Alters, weiterleben. Durch das Toben im Bett zeigte er mir, dass es ihm gut geht. Heute bin ich professionelle Sterbebegleiterin und weiß, dass mich dieses Erlebnis auf den Weg gebracht hat. Das war der geistige Wendepunkt meines Lebens.»

Eine Frau, die ihren 21-jährigen Sohn durch einen Unfall verloren hatte, berichtete: «Ich träumte, ich wäre in der Küche und würde meinen beiden jüngeren Söhnen das Frühstück machen – da kam Alex herein! Mir war klar, dass er eigentlich nicht bei uns sein konnte. Deshalb sagte ich laut: ‹Alex ist hier!› Seine Brüder schauten mich an, als würden sie denken: ‹Wovon redest du denn?› Da merkte ich, dass sie ihn nicht sehen konnten – ich war die Einzige, die ihn sah.

Alex lächelte strahlend. Er verbreitete ein himmlisches Licht. Er wirkte vollkommen zufrieden, glücklich und ausgeglichen. Ich ging zu ihm und sagte: ‹Alex, du bist bei Jesus, nicht wahr?› Er legte mir die Hände auf die Schultern, ich fasste ihn um die Taille, und er sagte: ‹Ja, Mama.›

Dann wachte ich mit einem starken Gefühl von Frieden auf, weil ich wusste, dass es Alex gut ging. Ich weiß jetzt, sein Geist ist bei Gott, und er wartet auf uns, bis wir auch dort ankommen.»[57]

Auch in diesem Traum nutzt der verstorbene Sohn eine typische Alltagssituation, um sich seiner Mutter bemerkbar zu machen.

Es kann sein, dass ein Traum einen Tod ankündigt und sogar die Todesursache aufzeigt.

Eine ältere Dame erzählte:

«Der erste Mann meiner Mutter kam in den 50er Jahren bei einem U-Boot-Unfall ums Leben. Exakt zum Zeitpunkt seines Todes vernahm meine Mutter ein lautes Klopfen, und das gleich mehrfach hintereinander. In der Nacht darauf erschien er ihr im Traum. Sie musste dabei zusehen, wie er langsam erstickte.

Wenige Tage später stellte sich heraus, dass die gesamte Mannschaft des Bootes ums Leben gekommen war. Sie waren alle erstickt. Diese Geschichte wird in unserer Familie noch heute erzählt – fast fünfzig Jahre später!»

Ein wiederkehrendes Motiv in den Träumen von Verstorbenen ist ihre Bitte, den Tod zu akzeptieren und sie loszulassen.

Deswegen treten sehr häufig Bilder des Abschieds auf. Die Verstorbenen deuten damit an, dass sie sich in der geistigen Welt weiterentwickeln möchten. Ein zu intensiver Kontakt zum Diesseits kann den Aufstieg in höhere Sphären verzögern. Selbst wenn die Verstorbenen sich höher entwickeln und sich natürlicherweise irgendwann für diese Welt nicht mehr interessieren, bleiben wir über die Gedanken mit ihnen verbunden. Hierzu zwei Beispiele:

«Vor einigen Jahren starb meine Oma. Ich war damals Studentin und hatte das Bedürfnis, mich im Krankenhaus von ihr zu verabschieden, da sie mir sehr nahe stand. Ich liebte sie sehr. Meine Familie wollte aber nicht, dass ich sie noch einmal besuche. Trotzdem fuhr ich einfach hin. Ich nahm ihre Hand und flüsterte ihr ins Ohr: ‹Ich wünsche, dass du nicht mehr leiden musst.› Nur zehn Minuten später schlief Omi ein.

Ein paar Wochen später erschien sie mir im Traum, um sich zu verabschieden. Wir waren in ihrer Wohnung, und die alte, gebrechliche Frau verwandelte sich vor meinen Augen. Sie wurde immer jünger und schöner. Sie sagte: ‹Dahin, wohin ich jetzt gehe, kannst du nicht mitkommen.› Wir gingen aus der Wohnung, und sie stieg in einen Zug, den ich nicht betreten durfte. Irgendwie sah es aus, als würde dieser Zug durch die Luft in ein Niemandsland reisen. Sie winkte und lachte, und ich wachte auf. Ich habe diesen Traum nie vergessen.»

Das Motiv des Abschieds wird in diesem Beispiel im Symbol eines Zuges ausgedrückt, der den Verstorbenen in eine höhere Sphäre bringt. Daneben ist eine Grenze markiert, die ein Lebender auch im Traum nicht überschreiten darf.

Marco schreibt:

«1997 starb mein Bruder durch einen tragischen Unfall. Seitdem besuchte er mich nachts immer wieder in meinen

Träumen. Schon wenige Tage nach seinem Tod war er bei mir und verkündete, dass er gehen müsse. Er war aber nicht traurig, sondern ganz ruhig und wirkte glücklich und ausgeglichen. Eines Nachts nahm er mich mit zum Unfallort. Dort sah ich, wie ein helles Licht vom Himmel auf ihn herabfiel. Mein Bruder ging in diesen Lichtkegel und stieg in den Himmel auf. Er besuchte mich aber weiterhin in regelmäßigen Abständen, und wir tauschten sogar Neuigkeiten über die Familie aus. Jedes Mal betonte er am Ende dieser Treffen: ‹Ich muss jetzt gehen.› Ich habe das Gefühl, dass er bewusst diesen Satz sagte, damit die Familie ihrer Trauer nachgehen kann. Das fällt uns trotz der vergangenen Jahre noch sehr schwer. Trotzdem fühle ich mich in dem Glauben bestärkt, dass der Tod nicht das Ende ist.»

Bei plötzlichen Todesfällen fragen sich Angehörige oft, ob der Betroffene leiden musste. Wenn sie durch Träume oder andere Zeichen die Information erhalten, dass der Verstorbene wenig oder gar nicht gelitten hat, können sie den Tod besser akzeptieren.

«Nach Barrys Tod war ich wütend und verbittert. Etwa einen Monat später hatte ich das, was man einen Traum nennt, aber es war kein Traum. Es war, als würde ich von Angesicht zu Angesicht mit ihm sprechen.

Ich stand zu Hause bei meinen Eltern auf dem Hof, und Barry kam auf mich zugelaufen. Er trug Jeans und ein Flanellhemd – sein üblicher Aufzug. Sein blondes, lockiges Haar glänzte. Er war wunderschön! Er wirkte sehr glücklich, sehr zufrieden und liebevoll. Und er kam mir sehr weise vor, so als wüsste er jetzt alles – keine Zweifel und keine Fragen mehr, nur noch Zuversicht und Vertrauen. Hinter ihm und um ihn her leuchtete ein wunderbar warmes Licht.

Ich fragte: ‹Barry, was machst du denn hier?› Er sah mich

an und erwiderte: ‹Ich wollte dir sagen, dass alles in Ordnung ist.› Ich fragte: ‹Was meinst du damit? Hat es denn nicht wehgetan, als du gestorben bist?› Barry sagte: ‹Doch, einen Augenblick lang. Es war, als wenn man gequetscht wird. Dann flog ich durch einen dunklen Tunnel. Und plötzlich kam ich in ein herrliches, strahlend weißes Licht.›

Er lächelte mich die ganze Zeit an, und ich spürte nur noch Liebe und Licht. Es war so intensiv! Er sagte: ‹Ich will dir nur noch sagen, dass ich dich liebe, Ann.› Dann drehte er sich um und ging weg.

Gleich darauf wachte ich auf, und alle Wut und Enttäuschung war verschwunden. Ich glaube wirklich, dass Barry kam, um mir zu sagen, dass es ihm gut ging, damit ich endlich zur Ruhe kam. Ich nenne es einen Traum, weil ich kein anderes Wort dafür habe. Aber es ist wirklich geschehen!»[58]

Verstorbene lassen uns durch Träume wissen, dass sie ihren Körper meistens schnell verlassen haben. Sie empfanden also nur wenig oder gar keinen Schmerz. Bei einem plötzlichen Tod stellt sich blitzartig die Erkenntnis ein, sterben zu müssen. Die Erinnerung des Betroffenen endet bereits kurz vor dem Unfall. Das wissen wir vor allem von den Nahtod-Erfahrungen. Fast fünfzig Prozent aller Nahtod-Erfahrungen kommen durch Unfälle zustande. Die Überlebenden berichten völlig unabhängig voneinander, dass sie ihren Körper schon vor dem eigentlichen Unfallgeschehen verlassen haben und keinen Schmerz mehr empfanden. Wenn wir uns außerhalb unseres Körpers befinden, endet jeglicher Schmerz.

Zum Abschluss dieses Kapitels nun ein sehr nachdenklich stimmendes Beispiel, das zeigt, wie sich auch Menschen im Koma über Träume bemerkbar machen können.

«Ein Freund von mir lag seit mehreren Monaten nach einer

schwierigen Reanimation im Koma. Es gab kaum noch Chancen, dass er wieder aufwachen würde. Seine Familie war verzweifelt. Eines Nachts hatte ich einen sehr intensiven Traum. Jener Freund erschien mir und bat mich, seiner Familie eine Botschaft zu überbringen. Er sagte: ‹Ich bin deswegen im Koma, weil es für meine Familie so leichter ist, damit fertig zu werden. Aber nun bitte ich dich, ihr zu übermitteln, dass ich gehen werde. Sie sollen mich bitte loslassen.› Am nächsten Tag rief ich die Familie an und erzählte von meinem Traum. Ein paar Tage später konnte mein Freund in Frieden sterben.»

Außerkörperliches Erleben

Ein Traumkontakt mit einem Verstorbenen geht häufig mit einer außerkörperlichen Erfahrung einher. Zahlreiche Menschen berichten, ihn in völlig fremden Umgebungen, Landschaften, Städten oder Farben gesehen zu haben. Sie befinden sich in einem erweiterten Bewusstseinszustand, der ihnen übersinnliche Wahrnehmungen ermöglicht. Eine solche Begegnung mit der jenseitigen Welt lässt sich später nur schwer in Worte fassen. Eine junge Frau erzählte in einem Seminar von einer außerkörperlichen Begegnung mit ihrem behinderten Sohn:

«Einige Wochen nach dem Tod von Oswald hatte ich einen sehr lebhaften Traum. Mein Sohn, der sein Leben lang schwer behindert gewesen war, tanzte und lachte übermütig. Er sah so glücklich aus, wie ich ihn noch nie gesehen habe. Er befand sich in einer mir fremden Umgebung. Die Farben der Pflanzen waren nicht von dieser Welt. Eigentlich waren sie unbeschreibbar. Besonders fiel mir auf, dass die Blumen und Farben durch ein inneres Licht verbunden waren. Da war ein Leuchten, wie ich es hier auf Erden noch nicht gesehen habe. Das bedeutete für mich, dass Oswald im Himmel angekommen ist. Er musste endlich nicht mehr leiden und war nun ganz gesund. Das tröstete mich sehr.»

Außerkörperliche Erfahrungen sind ein Indikator dafür, dass unser Bewusstsein unabhängig vom Körper existiert. Wenn wir den irdischen Körper verlassen haben, sind Raum und Zeit aufgehoben. Die Seele als Träger des Bewusstseins kann sich nun überall dort aufhalten, wo es ihr beliebt. Durch diese Bewusstseinserweiterung nimmt sie nun auch die Dinge wahr, die sich unserer Wahrnehmung im Alltag oder im Körper entziehen. In diesem Zusammenhang ist es wichtig zu wissen, dass wir jede Nacht unseren Körper verlassen, obwohl die meisten sich nicht daran erinnern können. Ein Indiz für diese nächtlichen Seelenreisen ist das plötzliche Zusammenzucken kurz vor dem Erwachen. Das resultiert aus der überstürzten Rückkehr der Seele in den Körper, wenn wir aufwachen. Ein weiterer Hinweis für außerkörperliche Erfahrungen sind die gelegentlichen Flug- oder Fallträume.

Es gibt Menschen, welche über die natürliche Gabe verfügen, bewusst ihren Körper zu verlassen. Neben Erkundungen in ihrem persönlichen Umfeld reisen sie auch in andere Seins-Dimensionen. Im Folgenden werden einige typische Nachtod-Kontakte durch außerkörperliche Erfahrungen dokumentiert.

Eine Krankenschwester, deren fünf Monate alte Tochter durch einen angeborenen Herzfehler verstorben war, berichtete:

«Drei oder vier Wochen nach Amandas Tod lag ich im Bett, aber ich schlief nicht. Plötzlich fühlte ich, wie ich aus meinem Körper gezogen wurde. Ich spürte, dass ich mich ein Stück unter der Schlafzimmerdecke befand und aus dem Fenster sah.

Das ganze Fenster füllte sich mit dem strahlendsten goldenen Licht, das man sich vorstellen kann! Es war, als käme jemand mit aufgeblendeten Scheinwerfern auf mich zu. Ich fühlte, wie mich das Licht umgab, und ich spürte die Gegenwart meiner Tochter. Dann sah ich Amanda! Ich sah ihren Geist in diesem Licht! Und ich hörte sie – es war eine telepathische Mitteilung. Sie sagte: ‹Danke für alles, was du für mich getan hast. Ich liebe dich sehr.›

Plötzlich fühlte ich eine sehr, sehr machtvolle Gegenwart – die Gegenwart Gottes. Und dazu Liebe und Verständnis in einem Ausmaß, wie ich es noch nie kennen gelernt hatte. Und in diesem Augenblick verstand ich alles! Ich war völlig überwältigt. Es war wie ein Wunder. Ich fühlte mich vollkommen angenommen und geliebt, so wie ich war. Mit dieser spirituellen Liebe waren keine Verpflichtungen verbunden. Danach schlief ich tief und fest.»[59]

Diese intensive Erfahrung vermittelt der Mutter, dass sich die Seele des Kindes in der Liebe Gottes befindet. Das Leben nach dem Tod wird nicht nur zur Gewissheit, sondern die Frau erlebt eine Bewusstseinserweiterung, in der sie die göttliche Liebe erfährt.

Außerkörperliche Erfahrungen im Schlaf ereignen sich meistens in einer vertrauten Umgebung. Es gibt aber auch Berichte, in denen die Betroffenen längere Reisen in für uns unbekannte Welten unternehmen. Dabei befinden sie sich in Begleitung eines Verstorbenen, der sie in seine Welt mitnimmt. Der Körper wird auf dem Bett liegend gesehen, während die Betroffenen aus dem Körper nach oben schweben. Ein junger Mann erzählte mir:

«Meine Freundin Monika starb mit zweiundzwanzig Jahren bei einem schweren Autounfall. Mein Leben war zerstört, und ich fühlte mich unsäglich verlassen und einsam. Etwa drei Monate später hatte ich dieses sonderbare Erlebnis. Ich lag im Bett, und plötzlich befand ich mich an der Schlafzimmerdecke. Deutlich sah ich meinen eigenen Körper. Dann befand ich mich plötzlich auf einer Wiese, die aussah, als sei sie von innen erleuchtet. Dort stand meine Freundin, als hätte sie auf mich gewartet. Sie nahm mich bei der Hand, und wir schwebten gemeinsam über die Dächer unserer Stadt. Sie versicherte mir, dass es ihr gut gehe, und sagte, dass ich mir keine Sorgen machen solle. Sie würde immer bei mir sein, und ich solle mein Leben in die Hand nehmen und etwas daraus machen. Dann kamen wir auf ein Licht zu, und Monika schwebte hinein. Zum Abschied winkte sie mir zu. Sekunden später spürte ich, dass ich durch eine silberne Schnur in den Körper zurückgezogen wurde. Ich war hellwach und fühlte mich so glücklich wie lange nicht. Die dumpfe Trauer wich. Heute weiß ich: Es gibt ein Leben nach dem Tod! Monika wartet dort auf mich. Das alles geschah vor drei Jahren, und ich habe heute eine neue befriedigende Beziehung mit einem anderen Mädchen. Monika besucht mich weiterhin gelegentlich im Traum.»

Luise berichtet:

«Nach dem Tod meines Freundes reiste ich nach Thailand, um mit mir selbst ins Reine zu kommen. Eines Nachts holte mich Ernst im Traum aus dem Körper. Ich erlebte, wie ich über mir schwebte, bis wir uns jenseits der Erde in einer herrlichen Landschaft mit Farben aufhielten, die ich so auf Erden noch nicht gesehen hatte. Ich erlebte dabei eine kosmisch anmutende Vision des Einsseins mit allen Dingen. Ernst umarmte mich und verschmolz regelrecht mit mir. Nachdem ich in meinen

Körper zurückgekehrt war und erwachte, hatte ich noch Tränen der Freude in meinen Augen. Mein ganzer Körper vibrierte von dem Licht, das drüben alles einhüllt.»

Eine außerkörperliche Expedition ins Jenseits hat für den Träumer einen hohen Wirklichkeitsgehalt. Er ist mit einer völlig anderen Form des Seins konfrontiert und erlebt sich als «ewiges Wesen». Manchmal treten auch Engel als Boten oder Begleiter auf, um uns zu den Verstorbenen zu geleiten. Eine Frau, die ihre beiden Kinder durch einen Unfall verloren hatte, erinnert sich:

«Als ich im Krankenhaus lag, wollte ich nicht mehr leben. Es hatte alles keinen Sinn mehr, ich wollte nur noch sterben. Ohne meine Söhne wollte ich nicht weiterleben. Eines Tages kam ein Engel und nahm mich an der Hand. Ich spürte eine Liebe, wie ich sie noch nie gespürt hatte. Er brachte mich zu einer wunderschönen Wiese. Sie war smaragdgrün, und darüber stand ein leuchtend blauer Himmel. Die Farben sind schwer zu beschreiben, weil sie den Farben, die wir hier sehen, nicht gleichen.

Die Wiese war in helles, weiß und lavendelfarbenes Licht getaucht, aber es blendete mich nicht. Die Atmosphäre war sehr beruhigend, sehr liebevoll. Als der Engel und ich über der Wiese schwebten, hörte ich lautes Gelächter. Es waren meine Söhne, Nathan und Travis! Ich blickte nach unten, um zu sehen, was sie machten. Meine Sehkraft war phantastisch – ich konnte die Augen wie ein Zoom benutzen.

Nathan und Travis spielten mit einer Gruppe anderer Jungen und Mädchen. Sie strotzten alle vor Vitalität und Gesundheit, sie liefen und tollten lachend herum. Die Luft war ganz erfüllt von Schönheit und Liebe.

Der Engel sagte mir: ‹Deinen Söhnen geht es gut, und du

wirst sie wiedersehen. Mach dir keine Sorgen.› Als ich nach Nathan und Travis die Hand ausstreckte, wurde ich plötzlich wieder in mein Bett im Krankenhaus zurückgezogen. Und damit war mein Erlebnis zu Ende. Der Engel wusste, dass ich einfach sehen musste, ob es meinen Jungen gut ging. Ich habe nie eine größere Liebe erlebt.»[60]

Wie in den Nahtod-Erfahrungen reisen die Erlebenden bei ihren außerkörperlichen Exkursionen durch den Tunnel, sehen das Licht und begegnen ihren verstorbenen Angehörigen. Derartige Erfahrungen können in allen Lebenslagen auftreten und sind nicht, wie in den Todesnäheerlebnissen, an eine lebensgefährliche Situation gekoppelt. Je mehr wir uns der Möglichkeiten einer Begegnung mit Verstorbenen bewusst sind und je offener wir diesen gegenüberstehen, desto wahrscheinlicher wird ein direkter Kontakt. Wenn wir uns blockieren und derartige Traumerlebnisse für Phantasieprodukte halten oder sie gar als Zeichen einer überhitzten Wunschvorstellung abtun, werden wir die Existenz der anderen Wirklichkeit nicht bemerken.

Michaela schreibt:

«Mein Bruder starb vor sechs Jahren. Für mich war das sehr schwer, da wir eine sehr enge Beziehung hatten. Ich verlor meinen Lebensmut. Eine Woche nach seinem Tod hatte ich einen Traum. Ich glaube, dabei wurde ich aus meinem Körper gezogen: Ich lief mit meinem Bruder durch wunderschöne, mir aber völlig fremde Landschaften. Er umarmte mich und vermittelte mir, dass es ihm gut gehe, ich mir aber nicht so viele Gedanken machen solle. Er zeigte mir, wie er jetzt lebt, und wir schwebten durch unterschiedliche Sphären, die alle in ihrer Einzigartigkeit unbeschreibbar sind. Er sagte, dass er sich sehr wohl fühle, aber wir müssten ihn jetzt erst einmal in Ruhe lassen. Er bräuchte Zeit, um sich auf sein neues Leben einzustellen. Als ich am

Morgen wieder zu mir kam, fühlte ich einen nie gekannten Frieden. Monate später erschien er mir nochmals, um sich zu verabschieden. Diese Begegnung werde ich nie vergessen, und ich weiß, dass mein Bruder auf mich wartet.»

Die nächtlichen Reisen der Seele in jenseitige Welten wie auch die dort stattfindenden Kontakte mit Verstorbenen gehören heute zu den eindrücklichsten Hinweisen auf ein Fortleben nach dem Tod.

Ungewöhnliche und multiple Phänomene

Nachtod-Kontakte unter Zeugen

In den bisher dokumentierten Fällen fanden sich bereits eindrucksvolle und beweiskräftige Berichte, nach denen mehrere Personen den Kundgaben eines Verstorbenen beigewohnt haben. Hier soll auf diese Fälle näher eingegangen werden, denn die Authentizität solcher Erfahrungen verstärkt sich durch die Anwesenheit von Zeugen: Begegnungen mit Verstorbenen sind objektive und reale Ereignisse. Eine genauere Untersuchung zeigt, dass die beteiligten Personen absolut identische Wahrnehmungen aufweisen.

Ein junger Mann berichtete mir:

«Nach der Beerdigung unserer Mutter kamen mein Bruder und ich nach Hause. Da sagte Ludger plötzlich: ‹Spürst du nicht auch die Gegenwart von Mama?› Ein ganz eigentümliches Gefühl beschlich mich. Dann nahmen wir beide einen intensiven Blütenduft wahr – es roch extrem nach Rosen, welche die Lieblingsblumen unserer Mutter waren. Das Ganze war unglaublich intensiv, und wir beide hatten das Gefühl, in Liebe eingehüllt zu sein. Die Zeit stand still. Dann vernahmen wir die Stimme unserer Mutter: ‹Bleibt immer zusammen! Ich bin bei euch!› Wir mussten beide weinen. Nach einigen Minuten ließ dann der Duft nach. Zunächst versuchten wir, eine Ursache für den Rosenduft zu entdecken. Es war November, und im ganzen Haus gab es keine Rosen, bis wir den eigentlichen Sinn verstanden. Unsere Mutter wollte sich bei uns verabschieden.»

Es ist sehr wichtig für die Bewältigung der Trauer, offen mit den eigenen Gefühlen und Erlebnissen umzugehen. Dann fällt es leicht, auch mit anderen darüber zu sprechen. Wir blockieren den Fluss des Lebens, wenn wir nicht über unsere Begegnungen mit den Toten sprechen können. Wie das Beispiel zeigt, ist es sehr entlastend, mit anderen Menschen über das Erlebte zu sprechen, zumal sich dann häufig herausstellt, dass die eigene Wahrnehmung bestätigt wird. Das wird auch im nächsten Fall sehr deutlich:

«Unser Sohn kam durch einen Autounfall ums Leben. Er war erst siebzehn Jahre alt. Es fiel mir und meinem Mann sehr schwer, diesen Verlust zu verkraften. Und doch hatte ich schon wenige Tage nach Ralfs Tod das Gefühl, dass er anwesend ist. Ich traute mich nicht, mit meinem Mann darüber zu sprechen. Zu meiner großen Erleichterung gestand er mir, dass er die Gegenwart von Ralf deutlich spüre. Er nahm mich in den Arm, als unser Sohn plötzlich hinter uns stand. Er legte jeweils einen Arm auf unsere Schulter. Das Gefühl von Anwesenheit und Liebe ging uns beiden durch und durch. Es war, als ob wir uns in einer anderen Welt befinden würden. Da war etwas Zeitloses und gleichzeitig Tröstliches. Wir werden dieses gemeinsame Erleben nie vergessen. Es hat uns näher zusammengebracht. Wir sind überzeugt, dass Ralf weiterlebt.»

Nur wenn der Mut aufgebracht wird, sich mit anderen über

die Wahrnehmungen auszutauschen, können wir eine Bestätigung erhalten. Wer eine Begegnung mit Verstorbenen rational zu erklären und damit wegzudiskutieren versucht, verleugnet eine Realität, wie sie tagtäglich überall auf der Welt erlebt wird. Wenn wir authentisch sind und unsere Eindrücke und Beobachtungen im Umfeld des Todes aussprechen, werden wir feststellen, dass viele Menschen ähnliche Erfahrungen gemacht haben. Wir können erkennen, dass Nachtod-Kontakte Teil eines universalen Geschehens sind. Sie sind ein ganz normaler Bestandteil unseres Alltags. Wir brauchen keine Angst davor zu haben und nicht zu denken, dass wir verrückt sind.

«Bei der Beerdigung meines Cousins sah ich, wie dieser direkt neben seinem Sarg stand. Er lächelte und bedeutete mir, dass es ihm sehr gut gehe. Dann war die Erscheinung verschwunden. Er hatte vor seinem Tod mit einer schweren Krankheit zu kämpfen, aber nun sah er jung und absolut gesund aus. Auf dem Friedhof hatte ich dann den Mut, mit meiner Tante darüber zu sprechen. Sie lächelte und sagte: ‹Ich bin so froh, dass du mit mir darüber sprichst. Ich habe genau dasselbe gesehen und dachte schon, dass ich es mir eingebildet habe.›»

Wie wir bereits in den vorangegangenen Kapiteln gesehen haben, sind Kinder für die Wahrnehmung Verstorbener besonders empfänglich, da ihre geistigen Kanäle bis zum sechsten Lebensjahr noch offen sind. Kinder gehen unverkrampft und natürlich mit derartigen Erlebnissen um. Wir als Erwachsene sollten die Aussagen der Kinder nicht als Phantasie abtun. Wir müssen lernen, mit den Kindern darüber zu sprechen.

Eine Frau war durch den plötzlichen Tod ihres Vaters wie gelähmt. Sie saß mit ihrem erst 5-jährigen Sohn in einem Hotelzimmer und betete:

«Während ich so dasaß und betete, hatte ich den Eindruck,

als würde das Licht im Raum immer schwächer, und plötzlich war mein Vater da! Er schien sehr, sehr real. Als er starb, war er achtzig, aber jetzt sah er wie ein Mann um die sechzig aus.

Farbiges Licht ging von ihm aus und hüllte ihn ganz und gar ein, es war eine Mischung aus Blau, Weiß, Rosa und Gold. Er stand da und sagte zu mir: ‹Sei stark und passe auf deine Mutter auf. Und denk daran, ich liebe dich. Leb wohl.› Vater bekam einen ganz weichen Gesichtsausdruck, als er sagte: ‹Denk daran, ich liebe dich.› Das Ganze dauerte nur ein paar Sekunden, dann war er wieder verschwunden.

Dann stand mein kleiner Sohn, der schon im Bett gelegen hatte, auf. Ich hatte angenommen, er schlafe schon tief und fest. Er kam zu mir gerannt und rief: ‹Großvater! Großvater!› Ich beschwichtigte ihn: ‹Großvater ist nicht mehr da.› Aber er ließ sich nicht beirren: ‹Doch! Gerade eben war er noch hier!› Er hatte ihn also auch gesehen!»[61]

Wenn mehrere Personen gleichzeitig einen Nachtod-Kontakt erleben, müssen die Wahrnehmungen allerdings nicht identisch sein. Sie können durchaus in unterschiedlichen Formen erlebt werden. Die Art und Weise, wie ein solches Erlebnis wahrgenommen wird, ist abhängig von den intuitiven Fähigkeiten oder der inneren Bereitschaft eines Menschen.

«Am Tag nach der Beerdigung saßen meine Mutter und ich ungefähr gegen sechs Uhr morgens in der Küche und redeten über meinen verstorbenen Bruder. Da sah ich meine Mutter an und sagte: ‹Ich weiß, dass Charley hier ist. Er berührt meine Wange, ich fühle es!› Danach legte sie ihre Hand auf die Wange, so, als hätte jemand ihr gerade einen Kuss gegeben.

Dann sah ich Charley vor mir stehen, er lächelte mich an! Er war etwas durchsichtig, aber ich konnte erkennen, dass er ein gestreiftes Poloshirt, eine kurze Hose und seine Sandalen anhatte. Er hatte die Hände in den Hosentaschen und schaute mich mit seinem treuherzigen Blick an.

Ich hörte ihn sagen: ‹Bitte sag allen, wie sehr ich euch liebe. Und sag vor allem Mama, dass ich sie liebe.›

Dann bat er uns, für seine Kinder zu sorgen, die damals drei und fünf Jahre alt waren. Er sagte: ‹Die Kinder lieben euch sehr, und euch kann ich sie ja getrost anvertrauen. Kümmert euch an meiner Stelle um sie. Sie werden euch alle brauchen.›

Ich weiß noch, wie mir das Herz aufging und eine Woge von Gefühlen auf mich überschwappte. Dann war Charley verschwunden.»[62]

In diesem Beispiel spürt die Mutter die Hand ihres Sohnes auf der Wange, also eine körperliche Berührung. Die Tochter hingegen sieht eine Erscheinung und empfängt eine Botschaft. Beide erleben gleichzeitig den Kontaktversuch eines Verstorbenen. Jeder von ihnen erfährt es auf eine Weise, in der er mit dem Ungewöhnlichen umgehen kann. Der Mensch reagiert auf sehr unterschiedlichen Ebenen des Bewusstseins.

«In den ersten Tagen nach der Beerdigung hatten mein Mann und ich seltsame Empfindungen, aber wir sprachen nicht darüber, weil wir beide nicht so recht wussten, was es eigentlich war.

Ungefähr am dritten Tag sagte Gerald: ‹Ich habe das Gefühl, als würde ich mit Gewalt von hier weggezogen, als müsste ich jetzt sofort zum Friedhof fahren.› Und damit sprach er genau das aus, was auch ich empfand. Ich fürchtete mich davor, zum Friedhof zu fahren, denn dort würde mir wieder bewusst werden, dass alles wirklich geschehen war.

Gerald und ich sahen uns an, stiegen sofort ins Auto und fuhren zum Friedhof, der etwa vierzig Kilometer von unserem Haus entfernt liegt. Wir gingen zu Stans Grab, und als wir näher kamen, hatte ich das Gefühl, Stans Arme um meine Schultern zu spüren. Und plötzlich fühlte ich Stans Liebe in meinem Inneren. Ich schaute Gerald an, und er sagte: ‹Stan ist hier! Ich spüre, dass er da ist, ich fühle seine Liebe!› Es war genau dasselbe, was auch ich in diesem Augenblick fühlte.

Mein Mann und ich nahmen uns in die Arme, und es war ein Gefühl, als würde Stan uns beide umarmen. Wir spürten seine Liebe so intensiv, sie ging uns durch und durch. Wir waren so dankbar, dass wir das empfinden durften. Wir wussten tief im Herzen, dass unser Sohn uns umarmte und auf diese Weise Abschied von uns nahm.

Ich glaube, Stan kam zurück, um uns mitzuteilen, dass er uns genauso sehr liebt wie wir ihn. Ich weiß, dass unser Sohn nicht ganz fortgegangen ist – ich weiß, dass er immer noch lebt. Diese Erfahrung hat mir tief in meinem Inneren die Gewissheit gegeben.»[63]

Multiple Phänomene

Nachdem nun die unterschiedlichen Aspekte der Nachtod-Kontakte ausführlich erörtert worden sind, möchte ich zum Schluss auf einige eher ungewöhnliche Formen von Nachtod-Kontakten eingehen. Es gibt durchaus Fälle, in denen sich verschiedene Formen miteinander vermischen und nebeneinander auftreten.

Normalerweise beschränken sich die Begegnungen mit Verstorbenen auf wenige Male. Sie ereignen sich kurz nach dem Tod oder spontan auch noch nach einigen Jahren. Die Mehrheit der Menschen, die hier zu Wort gekommen ist, erlebte eine Begegnung mit dem Jenseits für eine kurze Zeit. Die Betroffenen erhalten ein ersehntes Zeichen, erfahren Trost und Hoffnung oder bekommen für sie wichtige Informationen. Danach verabschieden sich die Verstorbenen, da ihre Aufgabe auf Erden beendet ist. Nachtod-Kontakte werden als Kraftquelle empfunden, und die Menschen können innerlich befriedet in ihren Alltag zurückkehren. Sie wissen nun, dass das Leben nach dem Tod Realität ist. Dadurch finden sie ihr eigenes emotionales und spirituelles Gleichgewicht wieder.

Die nun folgenden Berichte über multiple Phänomene ragen aus den bisherigen Darstellungen heraus. Es handelt sich dabei um Fälle, in denen gleichzeitig mehrere ungewöhnliche oder unterschiedliche Formen von Nachtod-Kontakten erlebt werden. Auffällig ist auch, dass sich diese Erlebnisse über längere Zeiträume erstrecken.

Die multiplen und ungewöhnlichen Phänomene stehen für sich. Deswegen werden sie auch nur wenig kommentiert. Sie sind beeindruckend und in besonderer Weise bewegend. Während der Arbeit an diesem Buch war es für mich ein großer Vertrauensbeweis, dass mir so viele Menschen ihre privatesten Nachtod-Kontakte und heiligsten Erfahrungen mitteilten.

«Nach dem Tod unseres Vaters geschahen bei uns viele seltsame Dinge. Auf dem Sofa, auf dem mein Vater immer gesessen hatte, bemerkte meine Mutter einen Schatten. Dieser Schatten bewegte sich genau so, wie es mein Vater zu Lebzeiten immer tat. Er nahm sich eine Zigarette und dazu ein Feuerzeug vom Tisch und drückte sie dann im Aschenbecher wieder aus. Meine Mutter glaubte schon, dass sie verrückt wird. Es war wie ein Gespensterfilm. Dann hörte das Phänomen plötzlich auf.

Kurz darauf bemerkten wir merkwürdige Gerüche in der Wohnung. Eines Abends, ich lag schon im Bett, erfüllte der besondere Duft seines Aftershaves den Raum. Ich dachte, das kann doch gar nicht sein! Dieses Geruchsempfinden wiederholte sich an vier Tagen hintereinander. Meine Mutter erlebte dasselbe Phänomen etwas später, und dann auch meine Schwester. Diese nahm einen strengen Marzipangeruch wahr. Mein Vater hat immer gerne Marzipan gegessen. Das Eigenartige war, dass diese Phänomene im Zusammenhang mit dem schon geschilderten Schatten auftraten. Wenn Vater den Raum verließ, war sofort auch der Geruch verschwunden.

Danach geschahen weitere merkwürdige Dinge: Einmal flog mein Kopfkissen von Geisterhand in hohem Bogen auf den Teppichfußboden meines Schlafzimmers. Gleichzeitig vernahm meine Schwester im Wohnzimmer Geräusche. Jemand hatte die Tür geöffnet, und der Schatten meines Vaters zeigte sich nun im Wohnzimmer. Einen Tag später wollte die Präsenz das Zimmer meiner Schwester betreten, doch sie bekam Angst, und der Schatten verschwand. Am nächsten Morgen standen alle Türen in unserer Wohnung sperrangelweit auf, obwohl wir sie abends alle geschlossen hatten.

Meine Schwester träumt sehr häufig von meinem Vater, meine Mutter nie. Sie führt sogar ein Traumtagebuch. Besonders beeindruckend war eine sonderbare Traumvision: ‹Ich träumte von meinem Vater. Er flog über die Balkonbrüstung und winkte mir und meiner Schwester zu. Er drehte sich zu uns um, und dann ging er langsam davon. Ich sah auch meinen noch lebenden Bruder, der ebenfalls durch die Luft flog, und eine mir fremde Frau. Diese näherte sich meinem Vater und küsste ihn. Die beiden winkten mir lachend zu. In diesem Moment erwachte ich. Ich kann diesen Traum nur so deuten, dass mein Vater sich nun damit abgefunden hat, dass er gestorben ist. Es war wie ein Abschied, weil danach alle Phänomene schlagartig aufhörten.›»

Die oben beschriebenen Phänomene deuten darauf hin, dass der Vater seinen Frieden noch nicht gefunden hatte und über einen bestimmten Zeitraum erdgebunden blieb, bis er sich schließlich verabschieden konnte. Ein derart massives Auftreten verschiedener Formen von Nachtod-Kontakten ist eher selten.

In dem folgenden Bericht der bekannten Hamburger Sterbeamme Claudia Cardinal bereitet ihre Tochter die Mutter auf ihren Tod vor. Hier das Protokoll eines sehr bewegenden persönlichen Gesprächs mit Claudia.

«Meine Tochter Katharina bekam mit anderthalb Jahren Leukämie. Wir hatten über Jahre eine sehr schwere Zeit mit all den erforderlichen Behandlungen und Chemotherapien.

Als meine Tochter sechs Jahre alt war, sagte sie eines Abends vor dem Schlafengehen: ‹Was mache ich hier in meinem Körper? Ich will ein Luftmensch sein.› Für mich war klar, dass sie keine weitere Behandlung wünschte, und ich wusste, dass sie bald einen Rückfall haben würde. So war es, und ich lehnte die angebotene Chemotherapie ab. Katharina wurde dann sogar noch für drei Wochen eingeschult.

In ihren letzten Wochen malte sie sehr viel: Schmetterlinge, Kreuze mit Kreisen, außen dunkel, aber in der Mitte befand sich ein Licht, welches mit Brettern verdeckt war. In ihrem letzten Bild war außen alles blau, und das Innere erstrahlte in Helligkeit ohne Gitter. Die Symbolik ihrer Zeichnungen war mir bewusst: Sie kündigte ihren Tod an.

Katharina starb am 23. September um vier Uhr nachmittags. Sie war ruhig und friedlich, und ich konnte ihren Tod akzeptieren. An jenem Tag waren Freunde da, um mir beizustehen. Ich nahm Abschied mit meinen beiden Kindern Johann und Anna, damals zweieinhalb und fünf Jahre alt.

Als ich am Nachmittag alleine nach oben ging, um sie noch

einmal zu sehen, stieß ich auf einen Widerstand. Ich konnte die Tür nicht öffnen! Meiner Freundin war kurz zuvor dasselbe widerfahren. Sie bekam sogar einen Stoß. Wir blieben dann im Wohnzimmer, als plötzlich ein Liliengeruch durch den Raum zog, der von allen bemerkt wurde. Im gleichen Augenblick wusste ich: Es ist vollbracht. Ich konnte sie nun loslassen und rief das Beerdigungsinstitut an.

Am nächsten Tag wurde Katharina in eine Kapelle überführt und aufgebahrt. Neben ihr lag ein etwa 95-jähriger Mann. Dieser Mann sagte vor seinem Tod zu seinen Angehörigen immer wieder: ‹Mein kleines Mädchen, was guckst du so traurig?› Der Pastor, der mit den Angehörigen des alten Mannes gesprochen hatte, erzählte mir davon. Offenbar sind sie etwa zur gleichen Zeit gestorben und fanden eine Verbindung zueinander.

Vier Wochen später hatte ich einen Wachtraum. Katharina kam zu mir und legte sich in meinen Arm. Ich habe sie definitiv körperlich berührt, und sie mich! Das war das einzige Mal, dass ich so etwas erlebt habe. Ich bin sehr froh, dass ich das erleben durfte. Es war eine endgültige Verabschiedung.

In den nächsten Monaten und noch Jahre später hörten wir Geräusche im oberen Stockwerk. Meine Freunde und ich vergewisserten uns, dass die Kinder schliefen. Manchmal vernahmen wir auch ein Klopfen oder ein Knacken, wie bei einem Holzrollo.

Meine Tochter Anna, die zum Zeitpunkt des Todes von Katharina fünf Jahre alt war, fragte mich ein paar Tage später: ‹Ist Katharina jetzt ein Engel geworden?› Ich war sehr überrascht und sagte: ‹Ich glaube nicht, dass Menschen Engel werden.› Anna erwiderte: ‹So hat sie aber geleuchtet!› Sogar mein zweieinhalbjähriger Sohn Johann sagte plötzlich: ‹Ja, das habe ich auch gesehen.›

Letztlich spüre ich ihre Gegenwart noch heute manchmal. Ich weiß, dass alles, was ich heute bin, aus diesem Tod entstanden ist.»

Bemerkenswert ist an dieser Erzählung die Erwähnung eines so genannten «Reisegefährten». Dabei handelt es sich um einen Verstorbenen, den man zu Lebzeiten nicht gekannt haben muss. Im Fall von Katharina nimmt die verstorbene Tochter mit einem ihr unbekannten älteren Mann in seiner Sterbebettvision Kontakt auf. Derartige ungewöhnliche Dinge ereignen sich manchmal. In diesem Zusammenhang möchte ich von einer ähnlichen Geschichte erzählen, die mir in einem Seminar berichtet wurde:

«Mein Mann starb einen langen und grausamen Krebstod. Er war längere Zeit zu Hause, aber zum Schluss war eine häusliche Versorgung nicht mehr möglich. Er wurde zum Sterben ins Krankenhaus gebracht. Ich wachte Tag und Nacht an seinem Bett.

Kurz vor seinem Tod sprach er immer von einem Bernd, der ihn abholen wollte. Ich kannte aber keinen Bernd. Einige Zeit später lernte ich auf dem Friedhof eine Frau kennen, dessen Sohn Bernd durch einen Unfall ums Leben gekommen war – zwei Tage vor dem Tod meines Mannes. Ich kann mir bis heute nicht erklären, wie so etwas möglich ist.»

Ulrike erzählte mir von einer sehr ungewöhnlichen Kombination von Kundgaben ihres verstorbenen Mannes, die sich über Jahre erstreckten:

«Mein Mann starb am 25. Juni 1990. Im August ging ich mit einem Papiereimer nach unten und spürte plötzlich seine Gegenwart. Ich hatte das Gefühl, dass er hinter mir stand, und so drehte ich mich um. Für Bruchteile von Sekunden sah ich ihn in seinem braunen Anzug auf der Treppe stehen. Dann verschwand die Erscheinung.

In der Folge bombardierte mich mein Mann geradezu mit

verschiedenen Demonstrationen seiner Anwesenheit. So fielen Bücher aus dem Regal, Kerzen gingen einfach aus, oder der Staubsauger lief, obwohl er nicht eingesteckt war. Mehrere Familienmitglieder hörten Schritte im oberen Stockwerk, die ich ebenfalls wahrnahm. Dann war längere Zeit ein ständiges Klopfen und Klappern zu hören. Sogar unser Hund reagierte auf die Präsenz meines Mannes und bellte freudig. Häufig spürte ich auch einen Hauch an meiner linken Seite und Berührungen an der Wange. Auch ein intensiver Jasmingeruch war immer wieder im Haus zu bemerken.

Auf einer Fahrt von Koblenz nach Remscheid hatte ich das Gefühl, als ob zwei Knie in meinem Rücken wären. Diese Fahrt verlief wie in Trance, und ich spürte eine starke Präsenz. Nach der Fahrt war ich so benommen, dass ich mich aufs Bett legte und einschlief, ohne mich auszuziehen.

In meinem Schlafzimmer steht ein großes Bild meines Mannes. In einem Zustand zwischen Wachen und Schlafen veränderte sich dieses Bild, und ich sah plötzlich seine ganze Gestalt vor mir. Als ich aufwachte, waren viele Lichter im Raum.

1992 hatte ich einen Autounfall. Ich fuhr von Remscheid nach Waldkirchen zu meinem Golfplatz. Als ich auf der Überholspur war, wurde ich plötzlich geblendet und kam mit den Reifen an den Fahrbahnrand. Der Wagen drehte sich, überschlug sich, und die Kühlerhaube kam an die Windschutzscheibe. Es wurde dunkel um mich, und ich dachte, ich sterbe. Es war mir aber nichts geschehen.

Das Sonderbare an dieser Geschichte ist, dass die Golfschläger meines Mannes aus dem Auto spurlos verschwanden. Wir suchten alles ab und fanden sie nie wieder. Vermutlich haben sie sich von der Berührung Toter entmaterialisiert.

Auf dem Friedhof steht eine große Blumenschale, in der ich

damals häufiger Fünf-Mark-Stücke fand. Mein Mann sammelte Fünfer.

Im Jahr 2002 verlor ich die beiden Lieblingsringe, die mir mein Mann geschenkt hatte. Ich weiß noch, dass ich sie an jenem Tag getragen habe, wollte sie aber nicht in den Safe legen. Ich legte sie an einen sicheren Ort und fand sie danach nicht wieder. Immer wieder schimpfte ich mit meinem Mann, er solle mir die Ringe wiedergeben. Zwei Jahre später wollte ich mir die Haare färben. Ich nahm die Packung aus dem Schrank und bereitete die Färbung vor, als ich plötzlich die beiden vermissten Ringe unten in der Packung wiederfand. Da kann ich sie niemals hingetan haben!

Bei mir sind in den letzten Jahren immer wieder Dinge verschwunden, die plötzlich irgendwo wieder aufgetaucht sind. Ich glaube, dass mein verstorbener Mann die Ursache für all diese Phänomene ist. Er ist halt ständig bei mir.»

Ingeborg berichtete mir einen ähnlich seltsamen Fall in Bezug auf ein vermisstes Schmuckstück, das nach dem Tod ihres Mannes überraschend und unerklärbar wieder auftauchte:

«Als mein Mann noch lebte, ging ich mit meiner Tochter in die Stadt, um Schmuck reparieren zu lassen. Die Verkäuferin sah, dass mein Ehering viel zu eng um meinen Finger saß, und knipste ihn ab. Der kaputte Ring sollte repariert werden. Leider vergaß ich, den Ring wieder abzuholen. Dann wurde das Geschäft für immer geschlossen, was mich sehr traurig machte, da ich nun den Ehering nicht mehr wiederbekommen konnte. In der Zwischenzeit war mein Mann gestorben.

Doch stellen Sie sich vor: Eines Tages schaue ich in mein Schmuckkästchen, und darin liegt der kaputte, auseinander geknipste Ehering. Das hätte ich meinem Mann nie zugetraut.»

Immer wieder wird auch von dem Phänomen berichtet, dass auf Fotos die Schemen von Verstorbenen abgebildet sind:

«Ich habe zwei Fotos, auf denen energetische Abbildungen sind. Auf einem Weihnachtsfoto sieht es so aus, als säßen drei Personen in einem weißen Nebel bei uns auf dem Sofa.

Ein anderes Foto entstand im Sommer nachts auf unserem Balkon. Darauf sieht man eine hell leuchtende, in sich verschlungene Schnur, die von der Balkondecke herabhängt. Ich muss dazusagen, dass an dieser Stelle nie etwas hing und wir dort niemals etwas angebracht haben.»

Fotos, die nach ihrer Entwicklung mehr oder weniger deutlich Verstorbene um Lebende herum zeigen, sind in der parapsychologischen Literatur reichlich dokumentiert worden.

Gerade bei multiplen Phänomenen haben die Betroffenen häufig Angst: Michael, 57, erlebte im Alter von elf Jahren einen sehr intensiven Nachtod-Kontakt mit seiner verstorbenen Tante. Allerdings konnte er damals die auftretenden Phänomene überhaupt nicht einordnen und fürchtete sich sehr. Er empfand das Eingreifen seiner Tante sogar als boshaft und gemein:

«Eines Morgens, es war im März, sagte meine Mutter zu mir: ‹Seltsam, wie ruhig es heute im Haus ist.› Ich hatte noch etwas Zeit, bevor ich zur Schule gehen musste, und legte mich auf unser Küchensofa. Das elektrische Licht war eingeschaltet. Plötzlich schlug es laut und dröhnend an die Tür. Im selben Augenblick ging das Licht aus, dann wieder an und flackerte etwa fünf Minuten. Ich war vor Schreck wie gelähmt. Es dauerte mindestens eine halbe Stunde, bis sich die Lähmung löste.

Ich lief zum Haus meiner Tante. Das Haus lag völlig regungslos vor mir; kein Laut war zu vernehmen, und ihre Familie schlief wohl noch. Dann sah ich eine Geistererscheinung am Fenster tanzen – hin und her, von rechts nach links. Das machte mich sehr wütend, und ich stürzte auf das Fenster zu. Plötzlich verschwand die Erscheinung. Ich bin überzeugt, dass mir meine Tante diesen Streich spielte. Das fand ich damals überhaupt nicht lustig, sondern eher gemein und bösartig.»

Das Kind war von der Geistererscheinung einfach überfordert.

Zum Abschluss dieses Kapitels möchte ich aus der Sammlung von Bill und Judy Guggenheim noch einen Fall zitieren, der belegt, dass Verstorbene durchaus beschließen können, an ihrer eigenen Beerdigung teilzunehmen. Sie wollen möglicherweise erfahren, was die Trauernden empfinden oder was über sie gesagt wird.

«Vor seinem Tod war Onkel Frederick bettlägerig wegen seines Emphysems. Er war mein letzter lebender älterer Verwandter, und wir standen uns sehr nahe.

Eines Tages sprachen wir über seinen bevorstehenden Tod, und ich sagte: ‹Warum bringst du es nicht einfach hinter dich? Deine Frau Adelaide wartet sicher schon auf dich.› Er sagte: ‹Wirklich? Glaubst du das?› Ich sagte: ‹Ja. Der Tod ist wie eine Abschlussfeier an der Schule des Lebens.›

Nach seinem Tod ging ich zur Trauerfeier. Ich saß in der dritten Bank, zusammen mit meinen Cousins. Während des Gottesdienstes sah ich zu, wie der Sarg vom Eingang der Kirche nach vorne gerollt wurde.

Ungefähr drei Meter über dem Sarg sah ich Onkel Frederick. Er trug einen schwarzen Talar und ein Barett. Er war froh und glücklich, geradezu ausgelassen! Er sah aus wie im Leben und schien von innen zu leuchten. Er nahm das Barett ab, schwenkte es und sagte: ‹Du hast Recht! Du hast Recht! Es ist genau so, wie du gesagt hast!› Onkel Frederick war ganz der Alte! Er hüpfte auf und ab, was er in seinen jüngeren Jahren sicher getan hätte. Dann sagte er: ‹Weißt du, dass alle zurück-kommen und bei ihrer eigenen Beerdigung zusehen können? Ich bin hier, um dir zu sagen, dass es wirklich so ist!›

Tante Adelaide war rechts neben Onkel Frederick, und die ganze Familie stand hinter ihnen. Ich sah lauter Leute, die ich erkannte – meine Eltern, meine Großeltern und andere Ver-wandte aus beiden Zweigen meiner Familie. Sie waren nicht transparent, aber ich sah hauptsächlich die Gesichter. Es war wie ein Gruppenbild.

Ich schlug die Hände vors Gesicht, weil ich vor Freude lachen und weinen musste. Aber alle anderen glaubten, ich schluchzte vor Trauer. Meine Cousins sagten: ‹Oh, Ruthanne, es ist schon gut, es ist schon gut.› Ich hätte gerne gesagt: ‹Ihr wisst überhaupt nicht, wie gut es ist!› Aber ich konnte mir nicht vorstellen, dass irgendjemand das verstanden hätte.»[64]

Nachtod-Kontakte als Schutz und Warnung

Die Anteilnahme Verstorbener

Keinem von uns wird es erspart bleiben, den Verlust eines geliebten Menschen akzeptieren zu müssen. Der Tod eines Nahestehenden gehört zu den unabwendbaren Prüfungen, die wir in unserem Leben auferlegt bekommen.

Die vorliegenden Berichte zeigen, dass die Verstorbenen weiterhin Einblick in unser Leben haben und mit Liebe und Anteilnahme über uns wachen. Wenn wir in schwierige Lebenssituationen geraten, versuchen sie, uns zu helfen und vor Schaden zu bewahren. In diesem Kapitel finden Sie einige Berichte vom direkten Eingreifen Verstorbener, wenn eine unmittelbare physische Gefahr droht. Wir sollten diese Eingriffe aber nicht mit denen von Schutzengeln verwechseln, da Engel und Verstorbene durch unterschiedliche Wesensmerkmale gekennzeichnet sind. Engel sind geistige Wesen, die sich nicht auf Erden inkarnieren.

In manchen Situationen sind die Kontakte mit Verstorbenen so eindringlich und plötzlich, dass sie unsere sofortige Aufmerksamkeit erfordern. Die Toten haben einen größeren Überblick über unser Leben und sind dadurch imstande, Notlagen zu erkennen, von denen wir noch gar nichts ahnen.

Veronika schrieb mir:

«1997 starb mein Vater an Leukämie. Ich erlebte nach seinem Tod immer wieder seine Präsenz. Etwa ein Jahr nach seinem Tod – es war der Silvesterabend 1998 – rettete er buchstäblich das Leben meiner beiden Söhne. Jene Nacht werde ich in meinem Leben nie vergessen. Mein toter Vater rüttelte mich plötzlich aus dem Schlaf. Ich sah ihn physisch vor mir stehen und spürte seine Berührungen. Er blickte ernst und eindringlich und sagte nur, fast im Befehlston: ‹Hole sofort deine Kinder ab!›

Meine Söhne waren mit einem Freund zusammen in eine Disko gefahren, um dort Silvester zu feiern. Ich zog mich an, fuhr in die Stadt und brachte die überraschten Jungs nach Hause. In derselben Nacht ist der junge Mann, der meine Söhne mitgenommen hatte, mit seinem Auto tödlich verunglückt.»

Die Seele des Menschen hat im Verlauf ihres irdischen Lebens mehrere Möglichkeiten, ihren Körper zu verlassen, beispielsweise durch Unfälle, Krisen, Verluste jeder Art oder Veränderungen. Das sind weitestgehend unbemerkte Prozesse im Menschen. In diesem Fall war die Zeit, gehen zu müssen, für die beiden Jungen noch nicht gekommen. Deswegen konnte der verstorbene Großvater so massiv eingreifen, um das Unglück zu verhindern. Dieser Kontakt ereignete sich in einem Moment, in dem Hilfe am dringlichsten benötigt wurde. Es gibt natürlich viele Fälle, in denen das nicht möglich ist. Verstorbene warnen häufig vor Gefahren, deren wir uns gar nicht bewusst sind.

Eine Frau berichtete mir am Telefon:

«Ich hatte mir ein Glas eines wunderbaren ökologischen Honigs gekauft und freute mich schon auf das Frühstück am nächsten Morgen. In jener Nacht schlief ich sehr unruhig und bemerkte, dass meine verstorbene Großmutter in meine Träume eindrang. Sie sagte immer wieder: ‹Achte auf den Honig!› – und das mehrmals hintereinander. Ich fand keine Ruhe und stand auf. Ich nahm das Glas in die Hand, konnte aber nichts Besonderes erkennen. In meinem Inneren ertönte wieder die warnende Stimme meiner Großmutter. Ich wusste nicht, was ich tun sollte. Schließlich ging ich in die Küche und verflüssigte den harten Honig. Dabei filterte ich mehrere kleine Glassplitter aus dem Honig. Wenn ich ihn gegessen hätte, wäre das sehr gefährlich gewesen. Ich bin froh, dass ich auf die eindringliche Warnung meiner Oma gehört habe.»

In plötzlichen Gefahrensituationen kann es vorkommen, dass von der anderen Seite direkt in das Geschehen eingegriffen wird: Eine Frau fuhr auf der Autobahn nach Hause. Es herrschte ein zäher Stop-and-go-Verkehr, sie hing ihren Gedanken nach und hielt das Lenkrad nur mit einem Finger.

«Plötzlich hörte ich die Stimme meines Vaters in meinem Kopf. Er sagte streng: ‹Setz dich gerade hin! Fass das Lenkrad mit beiden Händen an! Leg den Sicherheitsgurt an, weil du gleich eine Reifenpanne haben wirst.› Ich hörte ihn klar und deutlich.

Ich schoss im Sitz hoch, schnallte mich schnell an und packte das Lenkrad mit beiden Händen. Nach einem knappen Kilometer machte es ‹Bum›, und der Reifen explodierte. Aber ich war darauf gefasst und konnte das Auto an den Straßenrand lenken. Ich will gar nicht daran denken, was passiert wäre, wenn ich darauf nicht vorbereitet gewesen wäre!»[65]

Besonders in brenzligen Verkehrssituationen greifen Verstorbene blitzschnell ein:

«Meine Tochter war durch einen Verkehrsunfall ums Leben gekommen. Ich konnte ihren Tod lange nicht verarbeiten.

An einem nebligen Herbsttag geriet ich in einen Stau. Ich wollte soeben wieder anfahren, als ich in meinem Inneren die sehr eindringliche Stimme meiner Tochter vernahm. Sie forderte mich auf, sofort auf den Seitenstreifen zu fahren und anzuhalten. Ich war so überrascht, dass ich ihren Anweisungen Folge leistete. Als ich das Warnblinklicht einschalten wollte, hörte ich ein lautes Krachen direkt vor mir. Durch den Nebel war dem Fahrer hinter mir entgangen, dass ein großer Lastwagen quer auf der Fahrbahn stand.

Was habe ich für ein Glück gehabt, dass meine Tochter mich gewarnt hat! Seitdem weiß ich, dass sie immer um mich ist.»

Wenn es erforderlich ist, kann es manchmal sogar zu direkten körperlichen Eingriffen kommen, die Spuren hinterlassen. In einem Seminar erzählte eine ältere Frau, dass sie seit längerem unsicher auf den Beinen sei:

«Eines Tages musste ich einkaufen, und es fiel mir sehr schwer, die vielen Einkaufstaschen zu tragen. Plötzlich verhakte sich mein Fuß, und ich verlor fast das Gleichgewicht. In diesem Moment erschien mein verstorbener Mann sozusagen aus dem Nichts und hielt mich von hinten fest. Ich war wie benommen, aber ich war nicht gestürzt. Das Unerklärbare an diesem Erlebnis war für mich der Umstand, dass ich einen Tag später tatsächlich blaue Flecken an beiden Armen entdeckte – dort, wo mein Mann mich festgehalten hatte.»

Manche Warnungen sind deswegen so dringlich, weil sich die Betroffenen in höchster Lebensgefahr befinden. Deshalb hören wir oft nur den Namen, oder die Aufforderung zum Handeln wird kurz und knapp formuliert.

«Ungefähr um halb drei nachts hörte ich, wie jemand meinen Namen rief: ‹Catherine!› Ich wachte auf und nahm einen leichten Rauchgeruch wahr. Ich setzte die Brille auf und sah zum Fenster. Der Vorhang schien sich orange zu färben, und ich dachte: ‹Es ist doch noch zu früh für den Sonnenaufgang.› Ich stand auf und zog den Vorhang zurück. Die Scheune brannte! Und das Haus hatte an einem Ende auch schon Feuer gefangen. Ich blickte in ein Flammenmeer! Ich schrie zu meinen Söhnen hinüber: ‹Das Haus brennt! Steht auf, schnell! Wir müssen hier raus!› Mein älterer Sohn packte einen Feuerlöscher und rannte in der Unterwäsche nach draußen, um den Brand zu löschen. Aber es war sinnlos. Uns blieben nur noch die Kleider, die wir auf dem Leib trugen. Nichts wurde gerettet.

Ein paar Tage später fiel mir ein, wer in jener Nacht meinen Namen gerufen hatte. Es war die Stimme meiner Urgroßmutter, die seit vierundzwanzig Jahren tot war!»[66]

In etlichen Nachtod-Kontakten wird auf Gefahren hingewiesen, die Kinder oder Säuglinge betreffen. Die Eltern ahnen zu diesem Zeitpunkt nichts von der drohenden Gefahr.

«Ich wachte eines Nachts auf und sah meine Mutter im Türrahmen stehen. Sie machte ein angespanntes, besorgtes Gesicht und ließ erkennen, dass irgendetwas Schlimmes vor sich ging. Sie ging in das Schlafzimmer meiner Tochter und kam wieder heraus. Dann winkte sie mich zu sich und verschwand einfach.

Ich stand auf und ging ins Zimmer meiner Tochter. Als ich an ihre Wiege trat, atmete sie nicht, und ihre Lippen waren blau. Tiffany war erst neun Monate alt und war mit einem Fläschchen eingeschlafen. Sie hatte das Ende des Saugers abgebissen und war schon fast daran erstickt. Glücklicherweise schaffte ich es noch, das Gummistückchen aus ihrem Hals zu entfernen.

Wäre ich in diesem Augenblick nicht zu meiner Tochter

gegangen, wäre sie vermutlich gestorben. Ich zweifle nicht im Geringsten daran, dass meine Mutter mich warnen wollte.»[67]

Verstorbene greifen nur dann in unser Leben auf eine derart drastische Weise ein, wenn für die Betroffenen die Zeit zum Sterben noch nicht gekommen ist. Sie können niemals Schicksal spielen. Wenn es jemandem bestimmt ist, zu sterben, ist keine Einmischung seitens der geistigen Welt möglich.

Verstorbene verfügen über ein umfassenderes Wissen als zu ihren Lebzeiten, da für sie Zeit und Raum aufgehoben sind. Deswegen können sie den Angehörigen Informationen vermitteln, die diese vorher nicht gewusst haben. Sie setzen dabei die menschliche beziehungsweise verstandesmäßige Logik außer Kraft. Da wird ein Mörder überführt, andere werden durch eine Erscheinung auf ein unauffindbares Testament gestoßen, oder verloren geglaubte Gegenstände werden durch die Hilfe Verstorbener aufgefunden. In diesem Zusammenhang findet sich ein sehr beeindruckendes Beispiel in einem Aufsatz des berühmten amerikanischen Parapsychologen D. Scott Rogo:

«Es geschah im Jahre 1970, und es war traurig für Romer Troxell, der mit dem Auto von seinem Heim in Pennsylvania nach Portage, Indiana, fuhr. Dort stand ihm eine herzzerreißende Prüfung bevor, denn er unternahm die Fahrt, um den Leichnam seines Sohnes zu identifizieren, der an einer verlassenen Straße gefunden worden war. Doch von dem Augenblick an, als er die Stadt betrat, spürte er die Anwesenheit seines Sohnes, die in seinem Gemüt zu ihm ‹sprach›. Die Stimme gab ihm Anweisungen, wo er das gestohlene Auto des Sohnes finden konnte. Den Anweisungen folgend, fuhr Mr. Troxell in den nahe gelegenen Ort Gary, Indiana, und begab sich auf die Suche nach dem Fahrzeug. Die Führung seines Sohnes dirigierte ihn durch viele Straßen, bis das Auto gesichtet wurde.

Mr. Troxell machte eine rasche Kehrtwendung und nahm die Verfolgung des mutmaßlichen Mörders seines Sohnes auf. Mit der Hilfe eines Verwandten, der ihn begleitete, zwangen sie das Auto anzuhalten. Mr. Troxell verwickelte den Fahrer in ein harmloses Gespräch, während der Verwandte die Polizei rief. Der Fahrer wurde in der Folge verhaftet und später des Mordes überführt.

Romer Troxell berichtete später den Reportern: ‹Charlie verließ mich, nachdem wir den Mörder gefasst hatten. Charlie hat jetzt Frieden gefunden. Aber auch die Polizei war hinter dem Killer her. Mir wurde dann klar, was sie in ihren Nachforschungen aufgedeckt hatten. Aber als ich hörte, dass mein Sohn mich führte, handelte ich. Es war wohl der Wille Gottes.›»[68]

Selbst wenn der «endgültige Beweis» für ein Weiterleben der Seele nach dem Tod zumindest wissenschaftlich nicht erbracht werden kann, enthalten die vielen Berichte eindeutige Indizien dafür.

Verhinderung von Suiziden

Manche Menschen geraten durch schmerzliche Verlusterfahrungen in einen Strudel von Verzweiflung, Angst, Hilflosigkeit oder Resignation, etwa durch einen plötzlichen Unfalltod eines Mannes, der seine Familie unversorgt zurückgelassen hat, oder durch den Tod eines Kindes, der sämtliche Hoffnungen für die geplante Zukunft mit einem Schlag vernichtet. Nicht wenige sehen als einzigen Ausweg aus der Hoffnungslosigkeit einen Suizid. Gerade in solchen Situationen treten Verstorbene besonders häufig mit uns in Kontakt. Sie versuchen uns daran zu erinnern, dass auch schwierige Zeiten vorübergehen und dass wir im Leben noch eine Aufgabe zu erfüllen haben.

Ein Suizid wird niemals die ungelösten Probleme unseres Lebens beseitigen. Jeder von uns ist auch nach seinem Tod mit sich selbst konfrontiert und wird sich mit den Auswirkungen seines Lebens auseinander setzen müssen. Der einzelne Mensch ist die Summe seiner Gedanken, Taten und Worte, und es bleibt keinem von uns erspart, sich selbst ungeschminkt ins Gesicht zu schauen. Aller Schmerz, der auf Erden nicht bewältigt wurde, muss dann in der geistigen Welt abgearbeitet werden. Insofern ist es immer besser, im Hier und Jetzt den Schmerz anzunehmen und durch ihn hindurchzugehen, egal wie schwierig oder ausweglos manche Situationen auch erscheinen mögen.

Einen der ergreifendsten Nachtod-Kontakte bei einer Suizidgefährdung beschreibt Joel Rothschild in seinem Buch «Signale». Eindeutiger kann der Sinn und Zweck unseres Lebens und das Eingebundensein in einen höheren geistigen Gesamtzusammenhang nicht beschrieben werden.

Joel Rothschild geriet nach dem Suizid seines Freundes Albert selbst in eine lebensgefährliche Krise. Alle Verluste, die ihm im Leben widerfuhren, traten plötzlich an die Oberfläche. Aufgrund seiner Aids-Erkrankung glaubte er, sein Leben nicht länger ertragen zu können. Er fühlte sich von allen allein gelassen. Eines Abends bemerkte Joel ein durchscheinendes Licht über seinem Bett und spürte die Gegenwart seines Freundes, der ihn zu trösten versuchte. Er hörte Alberts Stimme in seinem Inneren, die ihm Folgendes mitteilte:

«Durch meinen Selbstmord wirst du mehr verstehen. Als ich noch am Leben war, dachte ich, das Leben würde sich nur lohnen, wenn die Dinge gut laufen. Wenn ich gesund war, Geld hatte und mit meinem Liebesleben alles in Ordnung war, hatte das Leben einen Sinn. Es lohnte sich, wenn alles so lief, wie ich es mir vorgestellt hatte. Ich weiß jetzt, dass es anders ist.

Joel, du darfst dir nicht das Leben nehmen. Du musst im Leben so weit gehen, wie du kannst. Ich weiß jetzt, dass wirklich jeder Augenblick im Leben wichtig ist und dass diese Augenblicke sich in vielerlei Hinsicht gleichen. In Hinsichten, die dir noch nicht klar sind. Gute und schlechte Tage, Tage, an denen wir gesund oder krank, glücklich, traurig, gelangweilt oder fasziniert sind – sie sind dasselbe. Bei jedem einzelnen Atemzug und bei jedem Augenblick deines Lebens bewirkst du Dinge, die mit etwas sehr viel Größerem verbunden sind. Du bist Teil von etwas sehr viel Größerem. Wir alle sind Teil dieses übergeordneten Sinns. Freundliche Menschen haben genauso einen Sinn wie grausame, einen Sinn, den du jetzt vielleicht noch nicht verstehen kannst. Jeder Mensch ist wichtig, und jeder Augenblick ist wichtig. Auch die schmerzlichen. Wir sind alle eins. Jetzt bist du darauf beschränkt, einen Augenblick nach dem anderen zu leben ... Spirituelles Wachstum beruht immer darauf, dass du in der Vergangenheit an dir gearbeitet hast ... Du musst so viele Augenblicke des Lebens leben, wie du ertragen kannst. Für dich – und für jeden anderen – hat jeder Augenblick des Lebens Sinn und Zweck. Auch die Augenblicke, in denen wir leiden und die uns wehtun, haben einen Sinn. Jedes Leid ist mit einem übergeordneten Guten verbunden, das du jetzt vielleicht nicht verstehen kannst ... durch meinen Tod wirst du lernen und wachsen! Du wirst erkennen, dass es mein Weg und mein Schicksal war, mein Leben zu diesem Zeitpunkt zu beenden. Es war die Lektion meines Lebens.»[69]

Joel verwarf seine Suizidgedanken und wandte sich einem Medium zu, das ihm die Bedeutung seiner Erlebnisse erklärte.

Später schrieb er sein Buch «Signale», um seine Erlebnisse zu verarbeiten.

Die folgenden Fallbeispiele demonstrieren, dass durch eine Begegnung mit Verstorbenen selbstzerstörerische Tendenzen schlagartig beendet werden können. Eine junge Frau, deren Ehemann sich aus für sie nicht ersichtlichen Gründen mit fünfundzwanzig Jahren das Leben genommen hatte, kam mit ihrem Leben nicht mehr ins Reine. Nur die 5-jährige Tochter verhinderte, dass sie sich sofort das Leben nahm. Als sie wieder einmal unendlich verzweifelt war, nicht schlafen konnte und grübelte, erschien ihr ihr Mann im Wachbewusstsein. Er war in ein helles Licht getaucht und sprach: «Es tut mir wahnsinnig Leid, dass ich dich zurücklassen musste, aber ich bitte dich inständig, nicht den gleichen Fehler zu begehen.» Er bat die Frau um Verzeihung, damit sie loslassen konnte. Sie solle unbedingt ihr Leben in die Hand nehmen und auch daran denken, dass die kleine Tochter sie noch brauche. Dann streichelte er ihr übers Haar. Diese Berührung vermittelte ihr eine unendliche Liebe und ein geradezu überirdisches Verständnis, dass sie in Tränen ausbrach. Gleichzeitig aber war sie so glücklich wie lange nicht. Das Erlebnis dauerte fast eine halbe Stunde, und nachdem sich ihr Mann verabschiedet hatte, fühlte sie sich unglaublich getröstet und angenommen. Sie schreibt: «Seit diesem Erlebnis habe ich nie wieder über einen Suizid nachgedacht.»

Das Leben ist ein kostbares Geschenk und hat einen tieferen Sinn. Dazu gehören eben auch die schwierigen Zeiten im Leben, von denen wir manchmal glauben, dass sie nie zu Ende gehen werden. Manchmal brauchen wir aber nur einen kleinen Anstoß, um die Sichtweise auf unsere Probleme verändern zu können. Wenn das gelingt, finden wir einen erneuten Zugang zum Fluss unseres Lebens.

Eine 25-jährige Frau erzählte mir: «Mein Freund hatte mich verlassen, und gleichzeitig wurde ich arbeitslos. Mein ganzes Leben schien zerbrochen, und ich war an einem Punkt angelangt, an dem ich keinen Sinn mehr in meinem Leben finden konnte. Ich war sehr verzweifelt und weinte nächtelang. Ich beschloss, mir das Leben zu nehmen, und hatte schon einige Zeit Tabletten gesammelt.

In jener Nacht, das werde ich nie vergessen, spürte ich plötzlich eine sanfte Umarmung, und dann sah ich das Gesicht meiner verstorbenen Mutter vor mir. Sie blickte mich sehr ernst an und sagte: ‹Dein Leben hat einen höheren Sinn. Du befindest dich in einer Sackgasse, aber es wird dir bald besser gehen. Du wirst eine neue Arbeit finden und einen neuen Freund.›

Dieses Erleben rüttelte mich auf, und ich schöpfte neuen Lebensmut. Tatsächlich fand ich schon wenige Wochen später Arbeit, und drei Monate später lernte ich meinen jetzigen Ehemann kennen. Wir haben inzwischen sogar ein Kind.

Ich bin meiner Mutter sehr dankbar, dass sie mir Trost und Hoffnung am schwärzesten Tag meines Lebens spendete. Heute weiß ich, dass mein Leben ein kostbares Gut ist.»

Dieses Beispiel zeigt einmal mehr, wie Angehörige durch das liebevolle Eingreifen eines Verstorbenen den Zuspruch erhalten, mit dem sie ihren Lebenswillen reaktivieren können.

Derartige Eingriffe haben eine weit reichende Bedeutung für unser Leben. Die meisten Menschen nehmen die Botschaften ernst und überstehen die Krise. Zuspruch und Trost aus dem Jenseits zeigen, dass wir den Verstorbenen nicht gleichgültig sind und dass sie weiterhin Anteil an unserem Leben nehmen. Deswegen versuchen sie nach Möglichkeit, uns vor drohenden Gefahren oder einem Suizid zu bewahren.

Zusammenfassung

Die Bedeutung der Nachtod-Kontakte für unser Leben

Wie in den vorangegangenen Kapiteln deutlich wurde, haben spontane Kontakte mit Verstorbenen eine heilsame Wirkung auf die Hinterbliebenen. Sie können tiefe Trauer mildern und vermitteln die Gewissheit, dass unser Leben nach dem Tod weitergeht. Im Trauerprozess schenken Nachtod-Kontakte vielen Menschen Licht und Hoffnung in ihrer tiefsten Verzweiflung.

Das intensive Durchleben eines Verlusts mit allen dazugehörenden Schmerzen ist ein Wendepunkt im Leben eines Menschen. Wenn wir den Tod akzeptieren können und die Trauer durchschreiten, erfahren wir seelisches und geistiges Wachstum. Nachtod-Kontakte fördern den Wachstumsprozess, da sie den Betroffenen zu erkennen helfen, dass wir von den Verstorbenen nicht wirklich getrennt sind.

Menschen, die intensive Begegnungen mit dem Jenseits hatten, erfahren einen tiefen inneren Wandel und verändern sich in ihrer Persönlichkeit. Eine solche Transformation entsteht dadurch, dass alte Glaubenssysteme zerbrechen und Blockierungen und Ängste aufgelöst werden. Die Betroffenen erleben durch die mit Nachtod-Kontakten einhergehende Bewusstseinserweiterung, dass sie von einem höheren Sein getragen werden. Das Vorhandensein der geistigen Welt wird zu einer unumstößlichen Gewissheit.

Nachtod-Kontakte sind mächtige spirituelle Erfahrungen, die uns mit geistiger Energie erfüllen. Dahinter steht die tröstliche Erkenntnis, dass Liebe niemals verloren geht. Liebe ist der Urgrund allen Seins. Durch unsere Liebe bleiben wir mit den Verstorbenen verbunden. Als Menschen tragen wir den göttlichen Funken in uns; der Mensch ist schon im Hier und Jetzt ein Teil des Ewigen, des Göttlichen.

Ziel und Sinn des Lebens ist es, seelisch und geistig zu wachsen, um irgendwann als Individuum in Gott zu sein. Auf diesem Weg nach Hause geht keine einzige Seele verloren. Das bezeugen in besonderer Weise die dargestellten Nachtod-Kontakte. Den meisten Verstorbenen geht es nach ihrem Tod offenbar sehr gut. Selbst Menschen, die sich zu Lebzeiten schwer an anderen vergangen haben, bitten ehrlich um Vergebung, damit sie auf ihrem geistigen Weg weiter voranschreiten können.

Dabei handelt es sich in den vorliegenden Fällen durchweg um Durchschnittsmenschen aus allen sozialen Schichten mit ihren persönlichen Ängsten, Schuldgefühlen oder Verfehlungen. Wenn wir bedenken, dass Millionen von Menschen Kontakte mit Verstorbenen erleben, so erstaunt in diesen Berichten vor allem die Abwesenheit einer gefürchteten Hölle oder gar der ewigen Verdammnis. Das kulturübergreifende und auf der ganzen Welt dokumentierte Phänomen der Nachtod-Kontakte ist völlig unabhängig von den verschiedenen Religionen oder den spezifischen kulturellen Prägungen eines Landes. Ein junger Mann in Indien erhält die gleiche Botschaft von seiner verstorbenen Mutter wie eine Frau in Deutschland. Der Tenor dieser Botschaften ist derselbe: «Mir geht es gut. Ich lebe weiter. Ich liebe dich. Lebe dein Leben, bis wir uns wiedersehen.»

Diese Aussagen können für uns alle sehr befreiend sein. Es handelt sich um die universale Botschaft der Liebe, dass unser Leben ewig weitergeht. Jeder ist für sich selbst verantwortlich, und jeder ist im Hier und Jetzt wie auch nach seinem Tod das Produkt der eigenen Gedanken, Taten und Worte. Das bedeutet, dass nicht gelöste Probleme unseres Lebens nach dem Tod aufgearbeitet und erledigt werden müssen. Das ist aber nicht mit menschlichen Vorstellungen von Strafe und ewiger Verdammnis zu verwechseln.

Wir alle unterstehen dem geistigen Grundgesetz: Was du säst, das erntest du. Insofern ist die Bitte um Vergebung seitens der Verstorbenen auch für die Hinterbliebenen von großer Wichtigkeit: Erst wenn wir uns selbst von Wut, Hass, Zorn, Angst oder Schuldgefühlen befreit haben, können wir einen Verstorbenen wirklich loslassen. Um das zu erreichen, müssen wir den Betroffenen erst einmal so annehmen, wie er ist, und auch verletzende Situationen so akzeptieren, wie sie waren. Die Lektion der Vergebung ist eine der schwierigsten Aufgaben unseres Lebens.

Aus den sehr persönlichen Berichten dieses Buches können wir den Schluss ziehen, dass jede Trennung von einem geliebten Menschen nur vorübergehend ist und dass wir mit unseren Verstorbenen wieder vereint werden, wenn wir sterben. Die Nachtod-Kontakte zeigen, dass die Verstorbenen uns weiterhin lieben und sich um unser Wohlergehen sorgen. Sie haben

Verständnis und Mitgefühl. Wenn wir dringend Hilfe in verzweifelten oder gefährlichen Situationen brauchen, greifen sie mitunter direkt in unser Leben ein.

Vielleicht hört sich diese zusammenfassende Aussage für manchen Leser wie das Produkt einer Wunschvorstellung an. «Es ist doch noch niemand von den Toten zurückgekehrt», mögen einige denken, und: Ist es nicht viel eher die Phantasie der Trauernden, das Nicht-loslassen-Können eines Verstorbenen, das derartige Phänomene hervorruft?

Das sind natürlich die ewigen Argumente der Skeptiker. Der Satz «Es ist noch niemand von den Toten zurückgekehrt» erweist sich angesichts des hier dargestellten Dokumentationsmaterials als schlichtweg falsch. Fakt ist, dass Verstorbene auf vielfältige Weise versuchen, mit uns in Kontakt zu treten.

Seitdem schriftliche Aufzeichnungen existieren, wurden die Aussagen medialer Menschen festgehalten, die auf ein Fortleben hinweisen. Bis in unsere Gegenwart bestätigen hellsichtige oder hellhörende Medien diesen Sachverhalt. Millionen von Menschen erhalten dadurch konkrete, fassbare «Beweise» für die Weiterexistenz der Toten. Auch die Transkommunikationsforschung als der Versuch, die Stimmen Verstorbener einzufangen über elektronische Geräte wie Radios, Tonbänder, Kassettenrekorder und so weiter, haben bei aller Fragwürdigkeit mancher Experimentatoren Indizien für ein Leben nach dem Tod geliefert.

In den vorliegenden Berichten und Aussagen über das Tabuthema spontaner Kontakte mit Verstorbenen offenbaren sich bei genauerer Analyse Ähnlichkeiten mit den Erkenntnissen der Nahtod-Forschung. Zunächst ist durchgehend festzustellen, dass Verstorbene in den Berichten bei Erscheinungen oder in Träumen als «ganz und heil» geschildert werden – selbst bei vorangegangenen Schwerstbehinderungen, seien sie physischer oder psychischer Natur. Das verweist darauf, dass unser Geistkörper als Träger der Seele immer vollständig ist. Die Erforschung der Nahtod-Erfahrung erbrachte in diesem Gesamtzusammenhang den Beweis, dass sogar Blinde, die ihr Leben lang keine Lichtwahrnehmung hatten, während außerkörperlicher Erfahrungen über eine «Geistsicht» verfügten. Sie konnten später Dinge beschreiben, die sie gesehen haben.

Ich selbst habe kürzlich einen blinden jungen Mann kennen gelernt, der imstande war, sich bei mir geistig «einzuklinken», und der konkrete Gegenstände und Möbel in meiner Wohnung beschreiben konnte, obwohl er sich in einer anderen Stadt befand und noch nie meine Wohnung betreten hatte. Diese Kommunikation fand per Telefon statt, und die exakte Beschreibung erstaunte mich sehr.

In den Nahtod-Erfahrungen wird während des Übergangs durch den Tunnel in die geistige Welt häufig von Begegnungen mit verstorbenen Verwandten oder Freunden berichtet, wobei die Erlebenden nicht immer wussten, dass die erschienenen Toten schon gestorben waren.

Besonders bemerkenswert ist der Umstand, dass Verstorbene manchmal feststofflich, also in materieller Gestalt erscheinen und manchmal eher durchsichtig, wenn nicht gar als Projektion. Zahlreiche Menschen sprechen von direkt körperlich fühlbaren Berührungen, wohingegen andere die Toten als Bild oder Hologramm wahrnehmen, die sie nicht berühren können oder dürfen. Diese Unterschiede sind offenbar auf jeweils unterschiedliche Bewusstseinszustände zurückzuführen. Die nachtodliche Entwicklung eines Menschen ist abhängig von seinen geistigen Einstellungen. Wir sind das Produkt unserer Gedanken, Taten und Worte hier auf Erden. Je nachdem, ob wir hier Eigenverantwortung gelebt haben oder viele Dinge nicht erledigt haben, erklären sich daraus die unterschiedlichen Fähigkeiten der Kontaktaufnahme seitens der Verstorbenen. Sie entsprechen seinem geistigen Entwicklungsstand.

Eine weitere Auffälligkeit und Gemeinsamkeit aller Erfahrungen ist ein erweiterter Bewusstseinszustand, in welchem die Begegnungen erlebt werden. Das sticht vor allem bei den Gegenwartsempfindungen vieler Menschen ins Auge. Diese subtilste Form eines Nachtod-Kontakts ist einerseits am wenigsten greifbar, andererseits tauchen in den Beschreibungen Begriffe wie Zeitlosigkeit, andere Ebene des Seins, Sanftheit, Wärme oder Liebe auf.

Begegnungen mit dem Jenseits folgen nicht den Gesetzen der Logik. Deswegen sprechen die Betroffenen von der «Ausstrahlung» eines bestimmten Verstorbenen. Das ist nur in den Momenten möglich, in denen wir für diese feinen Schwingungen empfänglich sind.

Noch deutlicher zeigt sich der erweiterte Bewusstseinszustand in Träumen und den außerkörperlichen Erfahrungen. Dabei kommt es manchmal sogar zu direkten Jenseitsreisen. Das Erleben des Mitsterbens eines nahen Angehörigen ist von seinem Wesen her eine Nahtod-Erfahrung ohne eigene Todesnähe. Anscheinend werden wir durch die Energien, die im Sterbeprozess auftreten, offener und empfänglicher für die andere Welt.

Wichtig in diesem Zusammenhang ist auch die Übereinstimmung zwischen den Elementen der Nahtod-Erfahrung und denen der Nachtod-Kontakte: Es kommt zu veränderten Bewusstseinszuständen, außerkörperlichen Erfahrungen, Begegnungen mit Verstorbenen, übersinnlichen Wahrnehmungen der Jenseitswelt, von Lichtphänomenen oder der Grenze, die nicht überschritten werden darf. All diese Elemente tauchen in den vorliegenden Erlebnissen in unterschiedlichen Formen auf.

Dabei fällt auf, dass die gleichen Metaphern für die Umschreibung des Erlebten benutzt werden.

Warum manche Hinterbliebene gleich mehrere Zeichen von ihren verstorbenen Familienmitgliedern bekommen und andere nie – auf diese Frage gibt es keine Antwort. Das Erleben von Nachtod-Kontakten hat mit der Empfänglichkeit des Einzelnen für die auftretenden Energien und Schwingungen zu tun. Zu tiefe Trauer und zu starke Emotionen, wie Bitterkeit, Wut und Angst, verhindern einen Kontakt. Dabei versuchen die meisten Verstorbenen, sich auf irgendeine Weise bemerkbar zu machen. Warum sich jemand trotz eines starken Wunsches nicht meldet und selbst durch ein Medium nicht herbeigerufen werden kann, lässt sich nicht sicher beantworten. Wir können lediglich die Voraussetzungen dafür schaffen: Dazu möchte ich nun, zum Abschluss dieses Buches, ein paar praktische Hinweise geben.

Wie wir uns auf Nachtod-Kontakte einstellen können

Um die Wahrscheinlichkeit eines Nachtod-Kontakts zu erhöhen, können Sie um ein Zeichen bitten oder beten. Das Bitten um einen Kontakt ist überaus wichtig, da wir als Lebende keinen direkten Zugang zur geistigen Welt haben und eine Begegnung mit Verstorbenen nicht selbst herstellen können. Durch ein Gebet erreichen wir die Verstorbenen, wo immer sich diese auch aufhalten mögen.

– Wenn Sie beten, sollten Sie aufmerksam und geduldig sein. Bringen Sie eine positive Erwartungshaltung auf, da es möglicherweise mehrere Wochen oder Monate dauern kann, bis Sie ein Zeichen erhalten. Nicht jede Bitte oder jedes Gebet wird unmittelbar und sofort erhört. Vertrauen Sie dabei vor allem Ihrer eigenen Intuition, denn Zeichen von Verstorbenen sind oft sehr subtil, sodass Sie sie manchmal gar nicht sofort bemerken.

– Wenn Sie das Gefühl haben, dass noch unausgesprochene Dinge zwischen Ihnen und einem Toten stehen, können Sie ein ganz praktisches und einfaches Ritual vollziehen. Zünden Sie zu Hause eine Kerze an oder stellen Sie ein Bild des Verstorbenen auf. Dann richten Sie Ihre Gedanken auf den Betroffenen und sagen ihm laut oder in Gedanken alles, was Sie auf dem Herzen haben und schon immer sagen wollten. Da wir durch Liebe und unsere Gedanken immer mit den Verstorbenen verbunden sind, werden Ihre Mitteilungen den Verstorbenen in jedem Fall erreichen! Dadurch können Sie vor allen Dingen auch sich selbst entlasten. In den Seminaren haben mir zahlreiche Teilnehmer immer wieder berichtet, dass sie bei diesem Ritual die Gegenwart des Toten gespürt haben. Erzwingen lässt sich das freilich nicht. Man kann natürlich auch einen Brief schreiben, in dem man all seine Gedanken formuliert und ihn dann später verbrennen, um den Inhalt dadurch der geistigen Welt zu übergeben.

– Trauen Sie sich einfach, mit den Toten zu sprechen. Fragen Sie um Rat. Sprechen Sie zunächst vielleicht mit dem Foto der verstorbenen Person. Fühlen Sie in Ihrem Inneren, ob Sie eine Antwort spüren. Lassen Sie sich dabei Zeit und formulieren Sie genau, was Sie dem Verstorbenen sagen oder ihn fragen möchten. Nehmen Sie das jede Nacht mit in Ihren Schlaf und achten Sie darauf, ob sich Ihre Gefühle verändern. Seien Sie offen für alles, was um Sie herum geschieht, und äußern Sie auch Ihre mögliche Enttäuschung oder Wut.

– Sie können sich einen bestimmten Ort in der Natur suchen, in einem Park oder auf einem Friedhof, wo Sie regelmäßig Zwiesprache mit der verstorbenen Person halten.

– Achten Sie auf Ihre Träume! Schreiben Sie genau auf, was Sie von einem Verstorbenen geträumt haben: Wie sah er aus? Welche Kleidung trug er? Wie sah die Umgebung aus? Diese Informationen können nähere Hinweise oder Zeichen für Sie sein. Haben Sie keine Angst vor solchen Träumen. Wir haben von den Verstorbenen nichts Böses zu erwarten! Durch Träume erfahren wir, dass die Toten noch sehr lebendig sind. Glauben Sie an das, was Ihnen die Träume vermitteln! Wundern Sie sich nicht darüber, wenn der Verstorbene als ganz und heil erscheint oder Ihnen seinen derzeitigen Aufenthaltsort in der geistigen Welt zeigen will. Haben Sie keine Angst, da jede Furcht sofort blockiert.

Sie können natürlich auch um eine Begegnung während des Schlafs bitten. Dazu visualisieren Sie das Gesicht des Verstorbenen und schicken ihm liebevolle Gedanken. Begegnungen und Erscheinungen von Verstorbenen im Traum sind deswegen so häufig, weil wir im Traumerleben entspannter und offener sind. Natürlich müssen Sie Geduld aufbringen.

– Wenn wir lernen, unserer Intuition zu vertrauen, können wir uns für spirituelle Erfahrungen öffnen und dadurch empfänglicher werden für die subtilen Einflüsse der geistigen Welt. Jeder von uns verfügt über gewisse mediale Fähigkeiten, die aber meistens brachliegen, da sie entweder nicht eingesetzt oder für nicht existent gehalten werden. Deswegen können Meditationsübungen zu einer höheren Wahrnehmung beitragen. Regelmäßige Meditation fördert unser Wohlbefinden und unterstützt den Heilungsprozess, besonders bei schwerer Trauer. Wer wissen möchte, wie man meditiert, findet entsprechende Literatur in jeder Buchhandlung. Wenn Sie regelmäßig meditieren, werden Sie die Erfahrung machen, dass wir mehr sind als nur unser Körper. Im Kern unseres Wesens sind wir geistiger Natur.

- Durch eine Tiefenentspannung wenden wir uns von der äußeren, materiellen Welt ab und konzentrieren uns auf die geistigen Dimensionen unseres Seins. Wenn Sie sich entspannen, können Sie einen Kontakt mit Ihrer Innenwelt herstellen. Dort ist Ihr eigenes Kraftpotenzial zu finden. Je tiefer Sie entspannen können, umso offener werden Sie für Begegnungen und Kontakte mit Verstorbenen.

- Wenn Sie die Gegenwart eines Verstorbenen spüren, während Sie wach sind, versuchen Sie daran zu denken, was er Ihnen möglicherweise mitteilen möchte. Dazu können Sie sich hinsetzen, die Augen schließen, sich körperlich entspannen und tief durchatmen. Setzen Sie sich nicht unter Druck, weil Sie dann für die Erfahrung blockiert wären. Sie können telepathisch um eine Botschaft bitten. Öffnen Sie Ihr Herz und Ihre Gefühle für die Anwesenheit eines Verstorbenen. Spüren Sie die erhöhte Energie im Raum. Je mehr Sie sich darauf einstellen und konzentrieren können, umso wahrscheinlicher sind längere Zwiegespräche. Wichtig ist einzig und allein Ihre Empfänglichkeit und Offenheit!

- Wenn Sie Botschaften bekommen, achten Sie auf Ihre innere Stimme. Sobald Ihnen Ratschläge oder Informationen Unbehagen oder gar Angst bereiten, seien Sie vorsichtig. Kein einziges menschliches Wesen wird automatisch nach dem Tod zu einem vollständig erleuchteten und allwissenden Wesen. Nehmen Sie das an, was Ihnen in Ihrer Situation weiterhilft.

Anhang

Anmerkungen

[1] Vgl. Taylor, Humphrey: «The Religious And Other Beliefs Of Americans. The Harris Poll». Februar 2003.

[2] Puhle, Annekatrin: «Das Lexikon der Geister. Über 1000 Stichwörter aus Mythologie, Volksweisheit, Religion und Wissenschaft». München 2004. S. 241 f.

[3] Manning, Matthew: «Der Psychokinet. Unter dem Einfluß einer anderen Dimension». Freiburg (ohne Jahresangabe). S. 118 f.

[4] Heintschel-Heinegg, Aglaja: «Kontakte mit Unsichtbaren? Mediales Erleben». Frankfurt am Main 1980. S. 214 f.

[5] Vgl. Noyce, Russel/Kletty, Rey: «The Experience of Dying from Falls». Omega, Vol. 3, 1972.

[6] Wickland, Dr. med. Carl: «Dreißig Jahre unter den Toten». Remagen 1957. S. 455 f.

[7] Maurina, Zenta: «Über Liebe und Tod. Essays». Memmingen 1987. S. 164 f.

[8] Högl, Stefan: «Leben nach dem Tod? Menschen berichten von ihren Nahtod-Erfahrungen». Rastatt 1998. S. 84 f.

[9] Ebenda. S. 86.

[10] Schrott, Raoul: «Gilgamesch». München 2001. S. 134.

[11] Homer: «Ilias – Odyssee». Köln 2003. S. 639.

[12] Ebenda. S. 643.

[13] Ebenda. S. 643.

[14] Innes, Brian: «Jenseits. Der Tod und das Leben danach».
Bindlach 1999. S. 143.

[15] Ebenda. S. 140.

[16] Ebenda. S. 140.

[17] Doore, Gary: «Gibt es ein Leben nach dem Tod? Neue Antworten auf alte Fragen von Stanislav Grod, Stanley Krippner, Sogyal Rinpoche, Rupert Sheldrake, Ken Wilber u. a.».
München 1994. S. 71.

[18] Hartmann, Dr. Otto Julius: «Die Geisterwelt ist nicht verschlossen – Tatsachen und Probleme der Parapsychologie».
Schaffhausen 1975. S. 138 f.

[19] Ebenda. S. 139 f.

[20] Passian, Rudolf: «Abschied ohne Wiederkehr – Tod und
Jenseits in parapsychologischer Sicht». Flensburg 1972.
S. 108 f.

[21] Hartmann, Dr. Otto Julius: «Die Geisterwelt ist nicht verschlossen». S. 140 f.

[22] Ebenda. S. 141.

[23] Diverse Herausgeber: «Das Leben jenseits des Todes».
Gütersloh 1992. S. 97.

[24] Vgl. Yamamoto, J. u. a.: «Mourning in Japan». American
Journal of Psychiatry. 125 (1969). S. 1660–1665.

[25] Doore, Gary: «Gibt es ein Leben nach dem Tod?». S. 82 f.

[26] Ebenda. S. 264 f.

[27] Heintschel-Heinegg, Aglaja: «Kontakte mit Unsichtbaren?».
S. 20 f.

[28] Ebenda. S. 45 f.

[29] Ebenda. S. 48.

[30] Ebenda. S. 41 f.

[31] Ebenda. S. 79.

[32] Ray-Wendling, Anne: «Mein Kontakt mit dem Jenseits. ‹Ich habe zu viele Beweise, um am Weiterleben nach dem Tod zu zweifeln.›». München 2001. S. 69 f.

[33] Ebenda. S. 71.

[34] Ebenda. S. 71 f.

[35] Guggenheim, Bill & Judy: «Trost aus dem Jenseits». München 1997. S. 53 f.

[36] Ebenda. S. 55.

[37] Ebenda. S. 69 f.

[38] Kübler-Ross, Elisabeth: «Über den Tod und das Leben danach». Güllesheim 1984. S. 19 ff.

[39] Guggenheim, Bill & Judy: «Trost aus dem Jenseits». München 1997. S. 179.

[40] Ebenda. S. 183 f.

[41] Vgl. Ring, Kenneth/Elsaesser-Valarino, Evelyn: «Im Angesicht des Lichts. Was wir aus Nah-Tod-Erfahrungen für das Leben gewinnen». Kreuzlingen 1999.

[42] Guggenheim, Bill & Judy: «Trost aus dem Jenseits». München 1997. S. 87.

[43] Sutherland, Cherie: «Tröstliche Begegnungen mit verstorbenen Kindern – Eltern berichten». München 1998. S. 34.

[44] Ebenda. S. 35.

[45] Ebenda. S. 56 f.

[46] Guggenheim, Bill & Judy: «Trost aus dem Jenseits». München 1997. S. 110.

[47] Ebenda. S. 137.

[48] Ebenda. S. 85 f.

[49] Ebenda. S. 79 f.

[50] Jakoby, Bernhard: «Auch du lebst ewig. Die Ergebnisse

der modernen Sterbeforschung». München 2000. S. 152.

[51] Guggenheim, Bill & Judy: «Trost aus dem Jenseits». München 1997. S. 104f.

[52] Moody, Raymond/Perry, Paul: «Blick hinter den Spiegel. Botschaften aus einer anderen Welt». München 1994. S. 27.

[53] Ebenda. S. 138f.

[54] Ebenda. S. 103f.

[55] Ebenda. S. 175f.

[56] Jakoby, Bernard: «Die Brücke zum Licht. Nahtoderfahrung als Hoffnung». München 2002. S. 114.

[57] Guggenheim, Bill & Judy: «Trost aus dem Jenseits». München 1997. S. 115.

[58] Ebenda. S. 128.

[59] Ebenda. S. 130f.

[60] Ebenda. S. 144.

[61] Ebenda. S. 150f.

[62] Ebenda. S. 264.

[63] Ebenda. S. 267.

[64] Ebenda. S. 261f.

[65] Ebenda. S. 308f.

[66] Ebenda. S. 235.

[67] Ebenda. S. 242.

[68] Ebenda. S. 235f.

[69] Doore, Gary: «Gibt es ein Leben nach dem Tod?». München 1994. S. 67.

[70] Rothschild, Joel: «Signale». München 2000. S. 59f.

Literatur

Cardinal, Claudia: «Trauerheilung. Ein Wegbegleiter». Düsseldorf 2002.

Doore, Gary: «Gibt es ein Leben nach dem Tod? Neue Antworten auf alte Fragen von Stanislav Grod, Stanley Krippner, Sogyal Rinpoche, Rupert Sheldrake, Ken Wilber u. a.». München 1994.

Elsaesser Valarino, Evelyn: «Erfahrungen an der Schwelle des Todes. Wissenschaftler äußern sich zur Nahtodeserfahrung». Genf 1995.

Fiore, Edith: «Besessenheit und Heilung. Die Befreiung der Seele». Güllesheim 1997.

Guggenheim, Bill und Judy: «Trost aus dem Jenseits. Unerwartete Begegnungen mit Verstorbenen». München 1997.

Häckel, Ernst: «Wir werden leben auch wenn wir sterben». Bietigheim 1978.

Hartmann, Dr. Otto Julius: «Die Geisterwelt ist nicht verschlossen – Tatsachen und Probleme der Parapsychologie». Schaffhausen 1975.

Heintschel-Heinegg, Aglaja: «Kontakte mit Unsichtbaren? Mediales Erleben». Frankfurt am Main 1980.

Högl, Stefan: «Leben nach dem Tod? Menschen berichten von ihren Nahtod-Erfahrungen». Rastatt 1998.

Homer: «Ilias – Odyssee». Köln 2003.

Innes, Brian: «Jenseits. Der Tod und das Leben danach». Bindlach 1999.

Jakoby, Bernard: «Alles fügt sich. Hilfe im Umgang mit Tod und Trauer». München 2005.

Jakoby, Bernard: «Auch Du lebst ewig. Die Ergebnisse der modernen Sterbeforschung». München 2000.

Jakoby, Bernard: «Das Leben danach. Was mit uns geschieht, wenn wir sterben». München 2001.

Jakoby, Bernard: «Die Brücke zum Licht. Nahtoderfahrung als Hoffnung». München 2002.

Jakoby, Bernard: «Geheimnis Sterben. Was wir heute über den Sterbeprozess wissen». München 2004.

Jakoby, Bernard: «Keine Seele geht verloren. Hilfe und Hoffnung bei plötzlichen Todesfällen und Suizid». München 2003.

Köstinger, Gabriele: «Poltergeister. Ein Buch für Gläubige & Ungläubige». Güllesheim 2003.

Kübler-Ross, Elisabeth: «Über den Tod und das Leben danach». Güllesheim 1984.

Manning, Matthew: «Der Psychokinet. Unter dem Einfluss einer anderen Dimension». Freiburg (ohne Jahresangabe).

Martin, Bruno: «Das Lexikon der Spiritualität. Lehren, Meister, Traditionen». München 2005.

Maurina, Zenta: «Über Liebe und Tod. Essays». Memmingen 1987.

Moody, Raymond A./Arcangel, Dianne: «Weiterleben nach dem Tod – Trauer annehmen, Verlust überwinden». Reinbek bei Hamburg 2003.

Moody, Raymond/Perry, Paul: «Blick hinter den Spiegel. Botschaften aus einer anderen Welt». München 1994.

Moser, Fanny: «Spuk. Ein Rätsel der Menschheit». Frankfurt am Main 1980.

Naegeli-Osjord, Dr. med. Hans: «Besessenheit und Exorzismus». Remagen 1983.

Passian, Rudolf: «Abschied ohne Wiederkehr – Tod und Jenseits in parapsychologischer Sicht». Flensburg 1972.

Puhle, Annekatrin: «Das Lexikon der Geister. Über 1000

Stichwörter aus Mythologie, Volksweisheit, Religion und Wissenschaft». München 2004.

Ray-Wendling, Anne: «Mein Kontakt mit dem Jenseits. ‹Ich habe zu viele Beweise, um am Weiterleben nach dem Tod zu zweifeln.›». München 2001.

Ring, Kenneth/Elsaesser Valarino, Evelyn: «Im Angesicht des Lichts. Was wir aus Nah-Tod-Erfahrungen für das Leben gewinnen». Kreuzlingen 1999.

Rinpoche, Sogyal: «Das tibetische Buch vom Leben und Sterben. Ein Schlüssel zum tieferen Verständnis von Leben und Tod». Bern 2003.

Rothschild, Joel: «Signale». München 2000.

Schrott, Raoul: «Gilgamesch». München 2001.

Stolp, Hans/Brink, Margarete van den: «Begegnungen im Lichtreich. Der Umgang mit Verstorbenen». Grafing 2002.

Sutherland, Cherie: «Tröstliche Begegnung mit verstorbenen Kindern». München 1998.

Wickland, Dr. med. Carl: «Dreißig Jahre unter den Toten». Darmstadt 1957.

Kontakt

Wenn Sie Interesse an Seminaren und Vorträgen haben oder den Autor kontaktieren möchten:

www.sterbeforschung.de

Wenn Sie eigene Erlebnisse mitteilen möchten, können Sie diese schriftlich an folgende Adresse schicken:
Bernard Jakoby
c/o Rowohlt Verlage GmbH
Hamburger Straße 17
21465 Reinbek

Danksagung

Ich danke

- dem Rowohlt-Verlagsteam für die Unterstützung meiner Arbeit,
- den vielen Menschen, die mir ihr Vertrauen schenken,
- dem Himmel und meiner verstorbenen Mutter für all die Fülle in meinem Leben,
- Markus Neumann, meinem Sekretär, Korrektor, Berater und Organisator meiner Seminare, der mit Geduld und unermüdlichem Einsatz wesentlich zum Gelingen meiner Projekte beiträgt,
- der Fügung, die Andreas Michel in mein Leben führte. Einen besonderen Dank an ihn für die vortreffliche Neugestaltung meiner Website.

Bernard Jakoby